Kolonialismus

Kompaktwissen Geschichte

Herausgegeben von Gerhard Henke-Bockschatz

Kolonialismus

Von Bernd-Stefan Grewe
und Thomas Lange

Reclam

RECLAMS UNIVERSAL-BIBLIOTHEK Nr. 17082
2015 Philipp Reclam jun. GmbH & Co. KG,
Siemensstraße 32, 71254 Ditzingen
info@reclam.de
Gestaltung: Cornelia Feyll, Friedrich Forssman
Kartenzeichnung: Inka Grebner
Druck und Bindung: Esser printSolutions GmbH,
Untere Sonnensraße 5, 84030 Ergolding
Printed in Germany 2025
RECLAM, UNIVERSAL-BIBLIOTHEK und
RECLAMS UNIVERSAL-BIBLIOTHEK sind eingetragene Marken
der Philipp Reclam jun. GmbH & Co. KG, Stuttgart
ISBN 978-3-15-017082-3
reclam.de

Inhalt

Einleitung

Was ist Kolonialismus? Begriffe, Konzepte, Perspektiven

Wie kaum eine andere Entwicklung hat der Kolonialismus das Gesicht der Welt beeinflusst. Die europäische Expansion gehört deshalb wesentlich zur Geschichte der Globalisierung. Sie begann an der Wende zum 16. Jahrhundert mit den Entdeckungsfahrten der Portugiesen und Spanier. Mit den folgenden kolonialen Eroberungen verknüpften sich die Entwicklungen auf den verschiedenen Kontinenten immer enger miteinander, meist einseitig zugunsten der Europäer. Ihre Verhältnisse zu Nicht-Europäern waren meist von Ungleichheit, Macht und Gewalt geprägt – ein Wesensmerkmal des Kolonialismus. Angesichts heute bestehender Ungleichheiten in der globalen Verteilung von Macht und Reichtum stellen sich deshalb Fragen nach Zusammenhängen zwischen der ehemaligen kolonialen Ordnung der Welt und ihrer langfristigen Effekte auf die heutige Situation.

Anfang des 20. Jahrhunderts waren weite Teile der Welt unter der Herrschaft oder Kontrolle europäischer Mächte: Mit Ausnahme von Äthiopien und der beiden südafrikanischen Burenrepubliken wurde ganz Afrika europäisch beherrscht. In Asien war selbst das Chinesische Reich in mehreren militärischen Auseinandersetzungen dazu gezwungen worden, gegen den eigenen Willen die Häfen für den Außenhandel zu öffnen, dort auf eigene Souveränitätsrechte (wie Herrschaftsausübung, Gerichtsbarkeit) zu verzichten und ganze Landstriche abzutreten. Bis auf das unabhängige Königreich Siam (heute Thailand), Japan und das militärisch nicht zu beherrschende Afghanistan wurden alle übrigen Gebiete von den Kolonialmächten kontrolliert. Im Nahen Osten gehörten weite Regionen zum Osmanischen Reich, außerdem machten sich hier und in Persien auch westeuropäische bzw. russische Einflüsse bemerkbar. Die vormals britischen Kolonien in Australien und Neuseeland hatten bereits eine erhebliche Unabhängigkeit erlangt, nur noch Außenpolitik und Militär wurden aus London gelenkt. Zu diesem Zeitpunkt waren die ehemaligen Kolonien in Nord- und Südamerika selbständige Staaten, wobei die USA seit kurzem in den Besitz der vormals spanischen Kolonien der Philippinen, von Puerto Rico und Guam gelangt waren und dort selbst koloniale Herrschaft ausübten. Doch auch in den unabhängigen Staaten Lateinamerikas zeigte sich vor allem in der Wirtschaft eine starke europäisch-amerikanische Einflussnahme.

Im frühen 20. Jahrhundert erreichte diese Dominanz über den Rest der Welt ihren absoluten Höhepunkt. Ältere Historiker sprachen deshalb auch vom »Zeitalter des Imperialismus«, während jüngere Generationen den Begriff des »Kolonialismus« bevorzugen. Was ist aber mit »Kolonialismus« gemeint?

Der grundlegende Begriff »Kolonie« hat lateinische Ursprünge. »Colonia« nannten die Römer eine Neuansiedlung, meist zur Versorgung ehemaliger Soldaten (*colon* ›Siedler, Bebauer‹), wobei die neuen Siedlungen auch zur dauerhaften Kontrolle und Sicherung eroberter Gebiete angelegt wurden (z. B. Colonia Claudia Ara Agrippinensium, das heutige Köln). Auch für eine weiter zurückliegende Phase zwischen dem 8. und 6. Jahrhundert vor unserer Zeitrechnung, als griechische Auswanderer rund um das

Mittelmeer an den Küsten neue Städte errichteten, spricht man von der »griechischen Kolonisation«.

Kolonisation erfolgt durch Invasion, also durch Eroberung und Siedlungsgründung. »Kolonie« bezeichnet ein neues politisches Gebilde, das von landfremden Menschen kontrolliert wird. Kennzeichnend für Kolonien ist außerdem, dass diese in einem dauerhaften Abhängigkeitsverhältnis von einem Mutterland (bzw. im griechischen Fall einer Mutterpolis) oder Reichszentrum stehen. Diese Metropole erhebt exklusive Besitzansprüche auf die Kolonie.

Als »Kolonialismus« wird nun dieses Herrschaftsverhältnis zwischen zwei Gesellschaften verstanden (wohingegen sich *colonialisme* im Französischen oft nur auf die koloniale Ideologie beschränkt). Moderner, neuzeitlicher Kolonialismus bedeutete erstens, dass die kolonisierte Gesellschaft ihrer eigenen Entwicklung beraubt und fremdgesteuert wurde. Den Kolonialherren ging es darum, die Kolonie ihren eigenen politischen und wirtschaftlichen Interessen zu unterwerfen und sie für die eigenen Bedürfnisse zu nutzen.

Zweitens waren die kulturelle Andersartigkeit der Kolonialherren und ihre fehlende Anpassungswilligkeit an die Verhältnisse vor Ort ein wesentliches Kennzeichen des Kolonialismus.

Das dritte Merkmal war die Überzeugung der Kolonialherren von der eigenen kulturellen Überlegenheit, aus der heraus die Kolonisierung als ein »Zivilisierungsauftrag« gerechtfertigt wurde. Während die Portugiesen und Spanier ihren Kolonialerwerb noch mit einer entschieden christlichen Mission legitimierten, vertraten die meisten Kolonialpropagandisten im 19. Jahrhundert eher eine zivilisatorische Missionierung, in der »weiße« Kolonisten den »Barbaren« oder »Wilden« die eigene Zivilisation nahebrachten. In einem berühmten Gedicht von Rudyard Kipling wurde diese Aufgabe sogar als eine »Bürde des weißen Mannes« verklärt. Für Europäer und weiße Nordamerikaner stand es meist außer Frage, dass ihre Zivilisation überlegen sei. Bis in die 1890er Jahre gingen sie mehrheitlich von der Vorstellung aus, dass es einen bestimmten, aus der westeuropäisch-amerikanischen Geschichte abgeleiteten Weg in »die« Moderne gebe. Dementsprechend maß man die Entwicklung aller anderen Gesellschaften am Maßstab eines angeblichen »Fortschritts«. Zwangsläufig stellte man bei diesen dann »Entwicklungsdefizite« fest, die es durch »Zivilisierung«, »Modernisierung« und »Entwicklungshilfe« zu beheben gelte. Insofern liegt selbst einer »Entwicklungspolitik« oder »Entwicklungszusammenarbeit« (wie es heute heißt), die auf ernsthafte Weise humanitäre und demokratische Ziele verfolgt, oft noch koloniales Gedankengut zugrunde.

Die großen Unterschiede zwischen den Kolonien sollten dabei nicht übersehen werden: Zweck und Geschichte der jeweiligen Gründung, Umweltbedingungen, Zusammensetzung der Bevölkerung, Herrschaftsform und Wirtschaft der einzelnen Kolonien unterschieden sich sehr stark. Abstrahierend lassen sich aber vier Hauptformen von Kolonien unterscheiden:

(1) Siedlungskolonien beruhten auf Massenmigration und der Eroberung bzw. Erschließung neuen, billigen Landes, Farmer und Pflanzer siedelten sich dauerhaft an. Typische Beispiele waren die neuenglischen Kolonien in Nordamerika, das französische Algerien oder auch die Kapkolonie an der Südspitze Afrikas.

(2) Stützpunktkolonien wurden vor allem von frühneuzeitlichen Seemächten errichtet und waren meist Häfen, die zur Kontrolle attraktiver Handelswaren und Seerouten sowie zur Unterstützung der fern des Mutterlandes operierenden Flotten dienten. Beispiele für diesen Typ sind Malakka (portugiesisch/niederländisch/britisch, an der Westküste Malaysias), das niederländische Batavia (heute Jakarta), Singapur oder Hongkong (britisch).

(3) Beherrschungskolonien waren auf wirtschaftliche Ausbeutung des eroberten Landes ausgerichtet, die neuen Herren nutzten die Bodenschätze, erhoben Tribut oder errichteten Handelsmonopole. Solche Beherrschungskolonien wurden meist autokratisch durch die Metropole regiert, die dafür nötigen Bürokraten und Soldaten kehrten nach ihrer Dienstzeit meist ins Mutterland zurück. Anders als in Siedlungskolonien spielte die Besiedelung mit Migranten nur eine geringere Rolle. Beispiele sind etwa das britische Indien, das französische Indochina (Vietnam, Kambodscha) oder die deutsche Kolonie Togo. Die iberischen Kolonien in Mexiko oder Peru stellten eine besondere Variante dar, da es hier insbesondere in den Städten zu einer neuen Mischgesellschaft kam.

(4) Strafkolonien zur dauerhaften Verbannung von Straffälligen waren weitaus seltener, dazu gehörten Australien, Sibirien und Französisch-Guyana.

Diese Hauptformen sind nicht dazu geeignet, die gesamte Vielfalt der Kolonien zu erfassen, sie dienen vielmehr einer groben Unterscheidung wesentlicher Züge und einer ersten Übersicht. Diese Typen schließen sich gegenseitig nicht aus, sondern Kolonien konnten sich von einer Form zu einer anderen entwickeln: Australien wandelte sich et-

Die Aufteilung der Welt bis 1914

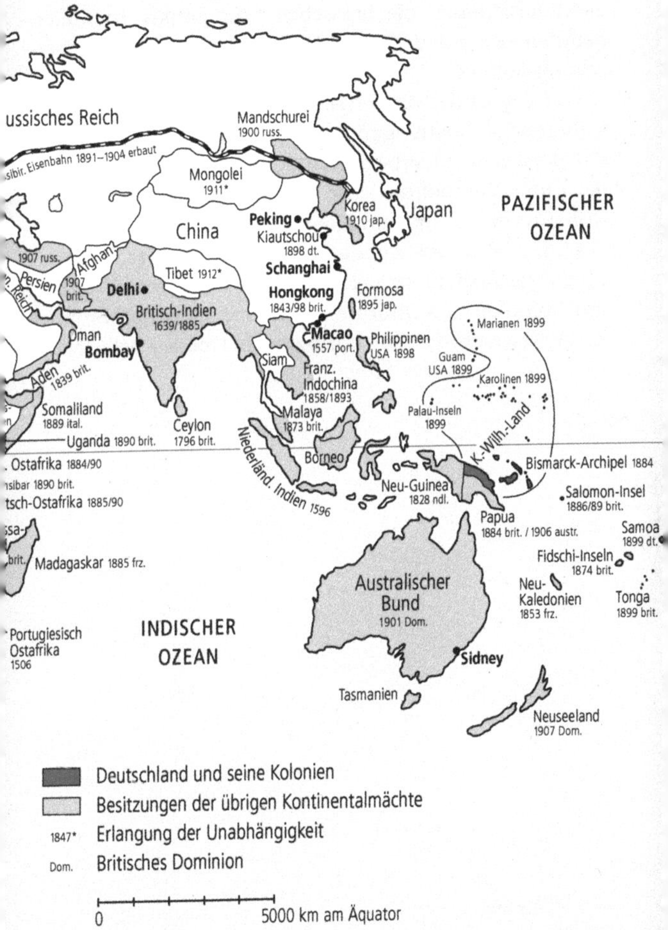

ussisches Reich
sibir. Eisenbahn 1891–1904 erbaut
Mandschurei
1900 russ.
Mongolei
1911*
China
Korea
1910 jap.
Japan
PAZIFISCHER
OZEAN
Peking
Kiautschou
1898 dt.
1907 russ.
Afghan.
Persien
1907
brit.
n. Reich
Tibet 1912*
Delhi
Schanghai
Hongkong
1843/98 brit.
Formosa
1895 jap.
Britisch-Indien
1639/1885
Oman
Bombay
Macao
1557 port.
Philippinen
USA 1898
Marianen 1899
Guam
USA 1899
Siam
Franz.
Indochina
1858/1893
Karolinen 1899
Aden
1839 brit.
Somaliland
1889 ital.
Malaya
1873 brit.
Palau-Inseln
1899
K.-Wilh.-Land
Ceylon
1796 brit.
Uganda 1890 brit.
Niederländ. Indien 1596
Borneo
Bismarck-Archipel 1884
. Ostafrika 1884/90
nsibar 1890 brit.
tsch-Ostafrika 1885/90
Neu-Guinea
1828 ndl.
Salomon-Insel
1886/89 brit.
Papua
1884 brit. / 1906 austr.
Samoa
1899 dt.
Madagaskar 1885 frz.
Fidschi-Inseln
1874 brit.
Australischer
Bund
1901 Dom.
Neu-
Kaledonien
1853 frz.
Tonga
1899 brit.
Portugiesisch
Ostafrika
1506
INDISCHER
OZEAN
Sidney
Tasmanien
Neuseeland
1907 Dom.
Deutschland und seine Kolonien
Besitzungen der übrigen Kontinentalmächte
1847* Erlangung der Unabhängigkeit
Dom. Britisches Dominion
0
5000 km am Äquator

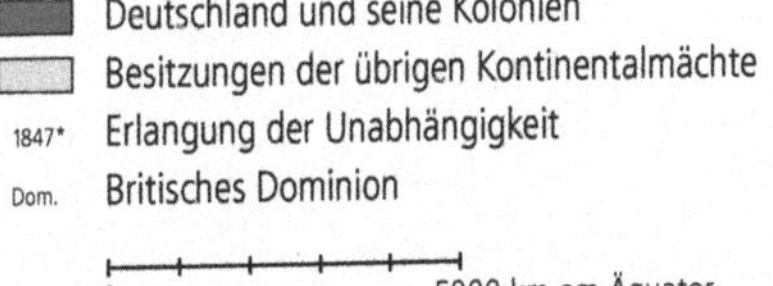

wa von einer Strafkolonie zur Siedlungskolonie, die südafrikanische Kapkolonie von einer Stützpunktkolonie zur Siedlungskolonie, die britischen Stützpunkte in Indien dehnten sich aus und entwickelten sich zu einer Beherrschungskolonie.

Der Begriff des »Imperialismus« schließt politische und militärische Anstrengungen zum Erwerb von Kolonien ein, doch geht es hierbei nicht nur um Kolonialpolitik, sondern um »Weltpolitik«, also um eine globale Strategie in Konkurrenz zu anderen Kolonialmächten. Als »Zeitalter des Imperialismus« wurde eine Phase zwischen ca. 1870 und 1914 bezeichnet, in der sich die Großmächte einen Wettlauf um Kolonien, um informellen machtpolitischen Einfluss und wirtschaftliche Durchdringung in Übersee lieferten.

Zeittafel

um 1000 Wikinger landen in Amerika, keine dauerhafte Siedlung

1405–33 Der chinesische Admiral Zheng He segelt mit großen Flotten (bis zu 30 000 Mann) nach Südostasien, Indien und Ostafrika. Handelskontakte

1433–99 Portugiesische Seefahrer erkunden die afrikanischen Küsten, entdecken 1484 das Kongo-Reich und gelangen bis nach Indien

ab 1490 Kastilien erobert die Kanarischen Inseln. Ausgreifen der Reconquista nach Übersee

1492 – um 1550 Spanische Konquistadoren erobern Mexiko (1519–22) und Peru (1533). Silbergewinnung. Zahlreiche Indios sterben an eingeschleppten Krankheiten, auf den karibischen Inseln und im östlichen Südamerika bis zu 90 %

1505–57 Portugiesische Stützpunkte in Indien, Malakka, Ceylon, China. Gewürzhandel

1590 »East India Company« in England gegründet. Handel mit indischen Baumwollwaren

ab 17. Jh. Zucker- und Tabakproduktion auf karibischen Inseln (Spanien, Frankreich, England). – Ca. 11,5 Mio. Afrikaner werden bis zum 19. Jh. als Sklaven zur Arbeit nach Amerika verschleppt

1602 »Vereinigte Ostindische Companie« für Gewürzhandel in den Niederlanden gegründet. Niederlassungen: 1609 Japan, 1611 Java, 1641 Malakka. Sie verdrängen die Portugiesen aus Ceylon

1600/07 Erste Gruppen von Franzosen und Engländern siedeln in Nordamerika

1620 Englische Puritaner landen mit der »Mayflower« in Nordamerika (Massachusetts)

1637 Japan schließt sich vom Ausland ab

1652 Niederländischer Stützpunkt am Kap der Guten Hoffnung, Siedlungen von Bauern (Buren)

ab 1663/70 Die französische Kolonie »Nouvelle France« und die englische »Hudson Bay's Company« kämpfen in Nordamerika mit indianischen Hilfstruppen gegeneinander

1756–63 Siebenjähriger Krieg nicht nur in Europa; auch in Nordamerika (»French and Indian War« ab 1754), in der Karibik, in Indien und auf See kämpfen England und Frankreich um die Hegemonie. Im Frieden von Paris gelangt das französische Kanada an die englische Krone

1757 Durch Korruption der gegnerischen Offiziere siegen die Engländer bei Plassey (Palashi) und erhalten die reiche Provinz Bengalen

1783 13 britische Kolonien in Nordamerika werden (mit militärischer Unterstützung Frankreichs) nach dem Unabhängigkeitskrieg zu den Vereinigten Staaten von Amerika

1784 *India Act*: Staatliche britische Verwaltung löst die »East India Company« ab. Bis 1818 Eroberung eines Großteils von Indien

1786–88 Britische Sträflingskolonie in Australien

1787 Sierra Leone als neuer Staat für ehemalige afrikanische Sklaven gegründet (1808 englische Kolonie)

1791–1804 Afrikanische Sklaven gründen nach einem Aufstand gegen Frankreich den unabhängigen Staat Haiti

1795 Briten besetzen Kapland, nehmen es 1815 in Besitz

1803–20 Die USA wachsen durch Kauf und Annexion auf 23 Staaten. Westexpansion und Verdrängung der Indianer in Reservate in den folgenden Jahrzehnten

1810–24 In Lateinamerika entstehen nach Kriegen gegen Spanien unabhängige Staaten

1819 Singapur wird als britischer Stützpunkt gegründet

1822 Liberia wird als Kolonie der USA für entlassene Sklaven gegründet. 1847 unabhängig

1830 Frankreich erobert Algier und bis 1847 ganz Algerien

1842 Erwerb von Hongkong nach dem ersten Opiumkrieg der Briten gegen China. Ab 1860 gewaltsame Öffnung weiterer Vertragshäfen in China für den europäischen Handel

ab 1848 Eroberung des Senegal-Gebiets durch Frankreich

1853/54 US-Flotte erzwingt Öffnung japanischer Häfen und Niederlassungsrechte für Ausländer

1857/58 Meuterei indischer Truppen der Bengalen-Armee (»Great Mutiny«) weitet sich zum großflächigen Aufstand aus und wird niedergeschlagen. Indien wird britisches Vizekönigtum, Ende der »East India Company«

1859–69 Bau des Suezkanals

1862–93 Frankreich erobert Vietnam; Kambodscha und Laos werden französische »Protektorate«

ab 1867 Allmähliche britische Durchdringung der malaiischen Halbinsel

ab 1868 Gesellschaftliche und ökonomische Modernisierung Japans (Meiji-Restauration) ab 1880 Frankreich und Belgien erwerben große Gebiete in Zentralafrika

1881 Englische Oberherrschaft über Ägypten, französische über Tunesien

1884/85 Kongo-Konferenz in Berlin. Kongo wird belgisches Protektorat; bis 1906 wird das gesamte Afrika südlich der Sahara unter europäische Kolonialmächte aufgeteilt

1894/95 Sieg Japans über China; Abtretung von Taiwan; Korea wird Kolonie (1910)

1896 Äthiopien besiegt in Adwa italienische Truppen und behauptet seine Unabhängigkeit

1897–1902 Philippinen lösen sich von Spanien, werden von den USA erobert und zur Kolonie gemacht

1898 Krieg der USA mit Spanien um Kuba

1899/1900 Niederschlagung der antiwestlichen »Boxer«-Bewegung in China durch eine westlich-japanische Interventionsarmee

1899–1902 Krieg Englands gegen die Burenrepubliken

1904 Französisches Protektorat über Marokko

1905/06 Sieg Japans im Krieg gegen Russland

1905–14 Bau des Panamakanals

1910 Gründung der sich selbst verwaltenden Südafrikanischen Union (Buren und englische Siedler)

1911 Sturz des Kaisertums in China, Ausrufung der Republik

1919 Die deutschen Kolonien werden als Völkerbundsmandate unter England und Frankreich aufgeteilt. In den außertürkischen Gebieten des Osmanischen Reiches entstehen Staaten unter englischem oder französischem Einfluss (Syrien,

	Irak, Libanon, Transjordanien, Saudi-Arabien). 1. Panafrikanischer Kongress in Paris
1922	Unabhängigkeit Ägyptens
1926	Gründung des »Commonwealth of Nations«: die *Dominions* Kanada, Südafrika, Australien, Neuseeland bekennen sich als gleichberechtigte Staaten zur Treue gegenüber der britischen Krone
1931–33	Japan erobert Mandschurei
1935/36	Italien erobert Äthiopien
ab 1937	Japanischer Angriff auf China, Besetzung großer Landesteile
ab 1940	Japan besetzt Gebiete in Ostasien, vor allem solche unter britischem und französischem Einfluss
1945	Niederlage Japans im Zweiten Weltkrieg, Ende der japanischen Besetzungen. Unabhängigkeitskrieg der Republik Indonesien gegen die Niederlande (bis 1949)
1946	Unabhängigkeit der Philippinen. In Vietnam: Unabhängigkeitskrieg gegen Frankreich
1947/48	Indien, Pakistan, Birma und Ceylon werden unabhängig
1954	Unabhängigkeit Nordvietnams; die USA unterstützen Südvietnam
1954–62	Algerien: Unabhängigkeitskrieg gegen Frankreich
1955–59	Tunesien und Marokko werden unabhängig
1957	Die *Federation of Malaya* wird unabhängig vom Commonwealth
1963	Gründung von Malaysia

1960–65	Zahlreiche englische und französische Kolonien in Afrika werden unabhängig
1964–75	Krieg der USA gegen Nordvietnam. 1975: Sieg Nordvietnams, Wiedervereinigung von Nord- und Südvietnam
1975–90	Die portugiesischen Kolonien Angola und Mozambique werden nach langen Kriegen unabhängig; Simbabwe (ehemals Rhodesien, 1980) und Namibia (1990) werden unabhängig
1994	Aufhebung der Apartheid in Südafrika, Ende der weißen Herrschaft, Nelson Mandela wird Präsident

I Darstellung

1 Unterwerfung und Widerstand

Die europäische Kolonisierung Amerikas, weiter Teile Asiens, ganz Afrikas, Australiens und der pazifischen Inselwelt vollzog sich über einen Zeitraum von 400 Jahren. Drei Wellen der Expansion lassen sich unterscheiden:

Die erste Welle umfasste das »Zeitalter der Entdeckungen«, als Seefahrer wie Bartolomeu Dias das südafrikanische Kap der Guten Hoffnung (1488) und Vasco da Gama Indien (1498) erreichte, Christoph Kolumbus 1492 auf die ersten Amerikaner traf oder Ferdinand Magellans Schiffe die Welt umsegelten (1519–22), und die nachfolgenden Eroberungen der Portugiesen und Spanier im 15. und 16. Jahrhundert.

Seit dem 17. Jahrhundert folgte dann eine zweite Welle mit neuer Qualität. Sie war mit dem Aufstieg der europäischen Handelsimperien und dem Siedlerkolonialismus in Amerika verbunden.

Die dritte Welle, die oft als das eigentliche »Zeitalter des Kolonialismus« bezeichnet wird, begann im 19. Jahrhundert mit der französischen Besetzung Ägyptens bzw. der Eroberung Algiers 1830. Von nun an stritten sich europäische Großmächte um imperiale Einflusszonen und Kolonien in Ostasien und auf dem afrikanischen Kontinent.

Die Kontrolle über die meisten amerikanischen Kolonien hatten England, Frankreich und Spanien nach den revolutionären Jahrzehnten zwischen 1770 und 1820 gegen ihren Willen wieder verloren, denn keine der europäischen Großmächte akzeptierte den Unabhängigkeitswillen der Kolonisten und Siedler. So mussten sie sich ihre Unabhängigkeit in mehreren Kriegen erkämpfen. Nach dem Loslösen vom europäischen »Mutterland« setzten die europäischen Siedler die Kolonisierung nun im Inneren fort. Insofern beendete die amerikanische Unabhängigkeit die Kolonisation nicht etwa, sondern intensivierte den Prozess vielmehr durch die Eroberung und Erschließung des amerikanischen Westens oder der argentinischen Pampa. Europäischstämmige Siedler verdrängten die Indianer mit Gewalt und eigneten sich deren Länder an.

Den drei Kolonisierungswellen war gemeinsam, dass sich die Europäer (das schließt im folgenden die Amerikaner, Afrikaner oder Australier europäischer Abstammung ein) nicht im geringsten darum kümmerten, wie die Menschen darüber denken mochten, die schon vor ihrer Ankunft in diesen Gebieten lebten und die nun unter koloniale Herrschaft gerieten. In den allermeisten Fällen geschah die Unterwerfung deshalb mit Gewalt, wobei sich deren jeweilige Form stark unterscheiden konnte. Die handstreichartige Übernahme der Herrschaftsgewalt, wie sie noch den spanischen Konquistadoren Hernán Cortés in Mexiko (1519–22) oder Francisco Pizarro in Peru (1533) gelungen war, bildete dabei eine eher seltene Ausnahme. Wegen anhaltender Widerstände zog sich der Unterwerfungsprozess meist über viele Jahre, oft Jahrzehnte hin: Von der französischen Einnahme von Algier 1830 bis zur abgeschlossenen Eroberung nur des nördlichen Algeriens dauerte es fast zwei Jahrzehnte; in Südafrika konnten die europäischen Siedler die Xhosa sogar erst nach einem Jahrhundert und neun Kriegen endgültig besiegen (1779–1879); die britische Eroberung Indiens bis zum Ende des Mogulreiches dauerte ähnlich lange (1757–1858).

Als treibende Kräfte für den Erwerb von Kolonien werden an erster Stelle meist die wirtschaftlichen Interessen der Europäer genannt: Absatzmärkte für eigene Produkte und die Erschließung von Rohstoffen und Ressourcen. Die jeweilige Zielsetzung bedingte auch verschiedene Arten des Vorgehens: Denn wer daran interessiert war, mit Fremden regelmäßige Geschäfte abzuwickeln, der musste anders vorgehen als diejenigen, die vor allem die Rohstoffvorkommen ausbeuten wollten bzw. billige Arbeitskräfte benötigten. Die Unterscheidung zwischen Stützpunktkolonien und Ausbeutungskolonien spiegelt diese Unterschiede wider. So beschränkte sich der Gewalteinsatz beim Öffnen eines neuen Marktes oft auf eine einmalige Machtdemonstration. Der Zugang konnte so gegen einheimische Herrscher oder gegen konkurrierende Händler (mitunter ebenfalls europäischer Herkunft) durchgesetzt werden. Dieses Vorgehen wurde bereits 1502 von einer portugiesischen Flotte unter Vasco da Gama praktiziert und auch in Malakka (1511) angewandt, wo die Portugiesen später von den Holländern auf gleiche Weise verdrängt wurden (1641). Die Grenzen zwischen frühneuzeitlichem Seehandel und Seekriegsführung erwiesen sich insbesondere im sogenannten »Ostindienhandel« als fließend. Sobald ein Stützpunkt aber einmal gesichert war, dominierten die Handelsinteressen, so dass Feindseligkeiten schnell beendet wurden, um den Handel nicht zu schädigen. Auf lange Unterwerfungskriege zur Kontrolle des Hinterlandes wollten sich die als Börsengesellschaften organisierten, profitorientierten Handelskompanien nicht einlassen. Meist war es ihnen schlichtweg zu teuer; schon aus diesem Grund genügte meist ein befestigter Hafen.

Wenn aber die Spanier für ihre Silberminen in Potosí (Peru, heute Bolivien) und Zacatecas (Mexiko) oder die Engländer, Franzosen oder Holländer auf den karibischen Zuckerinseln massenhaft billige Arbeitskräfte benötigten, wurden zunächst die einheimischen Indios und später die Sklaven brutal geknechtet – solange man noch in Afrika für erschwinglichen Nachschub sorgen konnte.

Diese wirtschaftlichen Interessen lassen sich für die Unterwerfung fremder Gesellschaften in Übersee fast immer nachweisen. Daneben trat oft im Falle der iberischen Eroberungen in den Amerikas und ab der Mitte des 18. Jahrhunderts sogar bei der englischen Ostindien-Kompanie als zweites, explizit politisches Motiv die Beherrschung ganzer Territorien (Beherrschungskolonien). In Indien beispielsweise unterwarfen die Briten zunächst Bengalen. Anstatt die reichen Steuereinnahmen an die Londoner Zentrale der Kompanie abzuführen, finanzierten Aggressoren wie Robert Clive (1725–1774) oder Richard Wellesley (1760–1842; beides Offiziere der Ostindien-Kompanie) weitere Söldner, mit deren Hilfe die benachbarten Gebiete Zug um Zug erobert wurden.

Das Ziel der kolonialen Expansion wurde von Anfang an stark von der Konkurrenz der Großmächte Europas bestimmt. In der Kolonialgeschichte Amerikas, der Karibik, aber auch Indiens spiegelte sich nun die europäische Machtpolitik. Das zeigte sich nicht nur in den »Kaperkriegen« der Engländer, Holländer und Franzosen gegen die Spanier, sondern insbesondere im Siebenjährigen Krieg (1756–63). Globalgeschichtlich gesehen war dies nicht nur ein Konflikt der älteren Regime Habsburg und der russischen Romanows mit der aufstrebenden neuen Großmacht Preußen, sondern vor allem ein globaler französisch-englischer Hegemonialkrieg, der in Nordamerika und der Karibik ebenso ausgefochten wurde wie auf dem indischen Subkontinent. Die Niederlage Frankreichs bedeutete zwar den Verlust, aber keineswegs das Ende der Kolonien. Die französischen Kolonisten und die Indianer Kanadas gelangten nur unter die Herrschaft einer anderen europäischen Krone. In Indien aber brauchten die Engländer von nun an keine europäischen Konkurrenten mehr bei ihren Expansionen zu befürchten. War ein Überseegebiet einmal in europäischer Hand, konnte sich der Kolonialerwerb auch am Verhandlungstisch in Paris (1763), Amiens (1802) oder Berlin (1884/85) vollziehen oder vorbereiten lassen. Vor diesem Hintergrund erscheint das Phänomen des Imperialismus am Ende des 19. Jahrhunderts weit weniger neu, sondern eher als eine Verschärfung älterer Hegemoniebestrebungen durch neue Konkurrenten aus Deutschland, Russland, Italien, Japan und den Vereinigten Staaten (Quelle 3 und 11).

Gerade die Berliner Kongokonferenz von 1884/85 gilt als Symbol für die koloniale Aufteilung Afrikas unter den europäischen Mächten am Verhandlungstisch (»*Scramble for Africa*«, »Wettlauf um Afrika«). Doch bei dieser Konferenz wurden keineswegs die Grenzlinien gezogen, die die Kolonien und später die afrikanischen Staaten voneinander trennen sollten. Es ging vielmehr um die gegenseitige Anerkennung von Herrschaftsansprüchen, die Herstellung eines zollfreien Kongogebiets und die Freigabe der Schifffahrt auf dem Kongo und dem Niger. Als besonders wichtig erwies sich dabei aber der Grundsatz der effektiven Herrschaft: Nur jene Macht sollte einen berechtigten Herrschaftsanspruch haben, die das Gebiet auch effektiv in Besitz nahm und beherrschte. Dieses Prinzip beschleunigte in den folgenden Jahren die politische Unterwerfung der Afrikaner.

Dass man diesen Grundsatz in den Vertrag aufgenommen hatte, zeigt aber auch, dass Herrschaftsansprüche durch das Hissen einer Flagge an einer Küste von den Konkurrenten noch keineswegs anerkannt wurden, sondern dass die meisten Kolonien politisch noch nicht kontrolliert und beherrscht wurden. Insofern lässt sich für den Erwerb einer Kolonie auch nur schlecht ein präziser Zeitpunkt benennen, denn der formal geäußerte Herrschaftsanspruch wurde ja nicht einmal von den anderen Konkurrenzmächten anerkannt – von den bisherigen Einwohnern einmal ganz abgesehen. Die koloniale Herrschaft musste nun binnen kurzer Zeit vor Ort sichtbar durchgesetzt werden.

Meist waren dies keine länger geplanten Operationen durch ein straff organisiertes Militär, sondern die koloniale Herrschaft wurde sukzessive ausgedehnt und oft eigenmächtig (Beispiel Indien) und ohne vorheriges Einverständnis der Metropole durchgesetzt. Das galt auch für die deutschen Afrikakolonien: Wie in vielen anderen Fällen errichteten in Südwestafrika zunächst Kaufleute eine Handelsniederlassung an der Küste. Der Bremer Kaufmann Heinrich Vogelsang (1862–1914) schloss einen Vertrag über einen Landkauf mit dem Führer (»Kaptein«) der dort lebenden Volksgruppe der Nama, der im Vertrag als Joseph Fredriks II. († 1906) bezeichnet wird. Bei den meisten dieser »Schutzverträge« ist sich die historische Forschung darin einig, dass diese schriftlichen Rechtsvereinbarungen von den einheimischen Vertragspartnern nur unzureichend verstanden wurden (ähnlich Quelle 6). Um die kleine Bremer Niederlassung gegen neu auftretende britische Gebietsansprüche zu sichern, stellte Reichskanzler Bismarck diese Gebiete 1884 explizit unter den Schutz des deutschen Reiches. Der Erwerb der »Schutzgebiete« in Kamerun und Togo folgte dem gleichen Muster; im späteren Deutsch-Ostafrika war es der in der Folge für seine Greueltaten berüchtigte Carl Peters (1856–1918), der hinter dem Rücken des Sultans von Sansibar mit einheimischen Führern »Schutzverträge« abschloss (dieses Verständnis von »Schutz« ähnelte durchaus jenem von Schutzgelderpressern). Dass die deutsche Reichsführung mit diesem Vorhaben zunächst nicht einverstanden war, zeigte sich deutlich. Denn erst auf die Drohung hin, diese Gebiete dem belgischen König oder den Briten anzubieten, war Bismarck bereit, die Erwerbungen der von Peters selbst ins Leben gerufenen »Gesellschaft für deutsche Kolonisation« zu bestätigen und militärischen Schutz durch Schiffe der Kriegsmarine zu gewähren. Die deutschen Ansprüche mussten dabei nicht nur gegen die konkurrierenden Briten vertraglich abgesichert werden, sondern waren auch gegenüber dem Sultan von Sansibar durchzusetzen, der ebenfalls Herrschaftsansprüche erhob. Seine Herrschaft über Sansibar und weite Gebiete der ostafrikanischen Küste kann jedoch nicht als ein »arabischer Kolonialismus« bezeichnet werden, sondern sie war eher eine herkömmliche Form der Eroberung und Beherrschung, weil die arabischen Sultane ihr Herrschaftszentrum mitsamt dem Hofstaat aus Oman in die Region selbst (auf die Insel Sansibar) verlagerten. Eine dauerhafte Abhängigkeit vom entfernten Mutterland war damit nicht mehr gegeben.

Wie gewaltsam die Unterwerfung der einheimischen Gesellschaften konkret ausfiel, war von zwei Faktoren abhängig:

Erstens spielte die Organisation der in den künftigen Kolonien lebenden Gesellschaften eine wichtige Rolle. Denn Staaten mit zentralisierten Institutionen wie die Azteken oder Inka ließen sich durch einen gezielten Militäreinsatz schneller unterwerfen und auf ihren Strukturen ließ sich leichter aufbauen. Das galt auch für die europäischen Interessensgebiete in China und die Nachfolgestaaten des indischen Mogulreichs. Gerade politisch besonders kleinräumig organisierte Gebiete Afrikas lieferten den Kolonialisten oft einen zähen und lange anhaltenden Guerillakrieg. Hier mussten die Kolonialisten oft Dorf für Dorf erobern, ohne sich sicher sein zu können, dass die Bewohner nicht nach dem Abzug des Militärs hinter ihrem Rücken sofort wieder zu den Waffen griffen. Solche Gebiete (wie auch Afghanistan) ohne eine fest institutionalisierte und zentrale staatliche Organisation erwiesen sich oft als schwer regierbar und damit weniger als Beherrschungskolonie geeignet.

Zweitens kam es entscheidend darauf an, welche unmittelbaren Interessen die Eroberer mit dem Erwerb der neuen Territorien verfolgten. Bei der Errichtung von Stützpunktkolonien waren die Europäer nicht auf die Erschließung und Beherrschung des Hinterlandes angewiesen, hier genügten ihnen oft die Duldung durch die lokalen Machthaber und ein gewisser Autonomiegrad. Einige regionale Herrscher hätten wohl über genügend Machtmittel verfügt, um sich der wenigen hundert Europäer in den befestigten Häfen wieder zu entledigen. Das belegen Beispiele aus Japan oder Taiwan, wo die Portugiesen und Spanier (1639) bzw. die Holländer (1662) vertrieben wurden. Doch in vielen anderen Fällen waren die einheimischen Herrscher eher an einer Förderung des lukrativen Fernhandels interessiert.

Wesentlich offensiver gingen europäische Eroberer zu Werke, wenn sie ein bestimmtes Gebiet beherrschen oder besiedeln wollten. Als Beispiele lassen sich hierfür das Vorgehen der holländischen Ostindiengesellschaft auf Java (1619), der britischen *East India Company* in Südasien ab 1757, die französische Eroberung Nordafrikas ab 1830 oder der italienische Versuch nennen, Abessinien (Äthiopien) zu unterwerfen.

Für die bereits ansässigen Einwohner war es besonders nachteilig, wenn Europäer im betreffenden Land dauerhaft siedeln wollten. Europäische Siedlergesellschaften erwiesen sich als besonders rücksichtslos gegenüber der einheimischen Bevölkerung, da diese mit den Neuankömmlingen um die lokalen Ressourcen konkurrierten (fruchtbares Ackerland, ergiebige Weidegründe). Wenn die Siedler nicht die Arbeitskraft der Einheimischen ausnutzen konnten, setzten sie auf restlose Vertreibung (Neuengland) oder sogar die Vernichtung der Eingeborenen (z. B. auf der vor Australien liegenden Insel Tasmanien).

Von vornherein war Kolonialismus auf Gewalt gebaut. Selbst wenn einzelne afrikanische Herrschaftsgebiete sich ohne Gewalt unter europäischen »Schutz« (Bechuanaland/Botswana, Mpondoland, Lesotho) begaben, so geschah dies eher aus der Erkenntnis heraus, dass man so die in Nachbarterritorien zu beobachtende brutale militärische Unterwerfung besser umgehen wollte. Wenn sich der Herrscher auf einen Vertrag mit den überlegenen Feinden einließ, konnte er zumindest hoffen, so eigenen Einfluss und eigene Privilegien zu erhalten. Auch für die Europäer war diese Konstruktion einer »indirekten Herrschaft« (Quelle 17, Lugard) oft die bequemste und kostengünstigste Variante, um sich ein bestimmtes Gebiet und bestimmte Gruppen nutzbar zu machen.

Auf diese Kolonisierungsversuche reagierten viele Gesellschaften mit Widerstand. Direkter militärischer Widerstand wie jener der westafrikanischen Militärstaaten Dahomey, der Asante oder der südafrikanischen Zulu konnte in den meisten Fällen nach einiger Zeit von den Europäern gebrochen werden. Gelegentlich gelang dabei sogar ein Sieg gegen die europäischen Armeen, wie den Asante 1826 gegen die Briten, den nordamerikanischen Prärie-Indianern der Sioux und Cheyenne gegen die 7. US-Kavallerie am Little Big Horn (1876) oder den Äthiopiern bei Adwa 1896 gegen die Italiener. Diese Schlacht mit mehr als zwanzigtausend Toten beendete das koloniale Vordringen der Italiener und garantierte Äthiopien seine Unabhängigkeit. Die äthiopische Armee kämpfte dabei mit modernen Schusswaffen (u. a. Maschinengewehre), die ihr andere europäische Mächte geliefert hatten. Als das faschistische Italien schließlich 1935/36 mit Panzern und Flugzeugen erneut attackierte, unterlagen die Äthiopier und mussten sich (für wenige Jahre) der Fremdherrschaft beugen.

Die meisten der mehr als hundert Kolonialkriege hatten aber eine Ausweitung der europäischen Herrschaft zur Folge. Die Übergänge zwischen Widerstand gegen eine fremde Unterwerfung durch Europäer und Aufständen gegen die Kolonialherrschaft sind fließend, da sich die Auswir-

Britischer Kolonialbeamter auf der Terrasse seines Hauses in Indien (um 1870)

kungen der Kolonisierung in den verschiedenen Gegenden oft erst zu einem viel späteren Zeitpunkt bemerkbar machten und von der Kolonialherrschaft lange wenig zu spüren war. Immer wieder kam es zu kolonialen Aufständen: Die Briten hatten mit dem großen indischen Aufstand von 1857 (für die Briten: »*Mutiny*«), auf Jamaika (1865), im Sudan gegen den Mahdi-Aufstand (1881–99) und in Sierra Leone mit der »*Hut Tax Rebellion*« (»Hüttensteuer-Aufstand«, 1898) zu kämpfen; die Franzosen verloren Haiti (1791–1804) und kämpften im westafrikanischen Guinea (1884–98) gegen Samory Touré und an der Elfenbeinküste mit dem Aufstand der Abe (1902); die Portugiesen mit den

Der Nama-Kaptein Hendrik Witbooi

südangolanischen Ovambo (1902); die Deutschen mit dem Aufstand der Herero (1904) und der Nama (1904–08) in Deutsch-Südwestafrika sowie der Maji-Maji-Bewegung in Ostafrika (1905–07). Der chinesische Boxeraufstand (1899–1901) richtete sich ebenfalls gegen den fremden Einfluss und die christlichen Missionen. Er war im engeren Sinne aber kein Kolonialkrieg, da die Europäer hier keine Kolonien, sondern in den »ungleichen Verträgen« nur »Einflusszonen« erhalten hatten. Gemeinsam war diesen kolonialen Kriegen, dass sie mit sehr großer Brutalität geführt wurden (Quelle 5, 9, 13 und 14). Während bei innereuropäischen Kriegen noch ungeschriebene Regeln angewandt wurden, wonach beispielsweise die Kapitulation der unterlegenen Partei eine Option war, die den ehrenvollen Abzug ohne Waffen ermöglichte, so galt dies für die kolonialen Waf-

Gefangene Überlebende des Herero-Aufstands (1904) wurden zur Zwangsarbeit verurteilt und in Lager deportiert

fengänge nicht. »Gefangene werden nicht gemacht«, rief der deutsche Kaiser Wilhelm II. den Truppen zu, die den chinesischen Boxeraufstand niederschlagen sollten. Kolonialkriege kannten oft keine zivilisatorischen Grenzen: hier gingen Eroberer brutal gegen die Zivilbevölkerung vor; sie unterschieden nicht mehr zwischen Kombattanten (Kämpfenden) und Nichtkombattanten und zögerten nicht, sogenannte *concentration camps* (Gefangenenlager) für aufständische Volksgruppen zu errichten (Kuba, Philippinen, Deutsch-Südwestafrika, Südafrika), ohne nach der tatsächlichen Beteiligung am Widerstand zu fragen; Frauen und Kinder wurden nicht länger geschont, und Kriegsgefangene mussten damit rechnen, ermordet zu werden.

In offener Feldschlacht waren die waffentechnisch weit überlegenen Kolonialarmeen selten zu bezwingen, meist standen mehreren tausend getöteten Widerständlern nur wenige europäische Opfer gegenüber. Ihnen blieb im Grunde keine Alternative zum Guerillakrieg (Quelle 7). Zu seiner Bekämpfung setzten die Kolonialarmeen bewusst auf Terror, um die Bevölkerung einzuschüchtern. Die systematische Zerstörung der Lebensgrundlagen gehörte dabei zu den wirkungsvollsten Waffen der Kolonisten: das Niederbrennen von Feldern, das Anzünden von Nahrungsdepots und auch das Abschlachten der Rinderherden (gegen die südafrikanischen Xhosa und Zulus) oder der Bisons, von denen die nordamerikanischen Prärie-Indianer lebten. Kein Wunder, dass auch afrikanische oder nordamerikanische Guerillakämpfer wenig Hemmung zeigten, einzelne europäische Farmen anzugreifen und die Familien zu töten.

In vielen Fällen wurden die den Unterworfenen abgepressten Gelder für die Bezahlung der angeworbenen Kolonialtruppen und damit für weitere Eroberungen genutzt. Paradoxerweise mussten also Afrikaner, Inder und Chinesen ihre eigene Unterwerfung, Ausbeutung und Beherrschung bezahlen.

Lokale Feindseligkeiten verhinderten oft nicht nur die Bündelung der Widerstandskräfte, sondern erleichterten es den Europäern, viele einheimische Soldaten anzuwerben. Afrikanische Askaris kämpften für die Deutschen, Sikhs aus dem Punjab und Gurkas aus Nepal für die Briten und die Senegalschützen für Frankreich. Diese sogenannten *Tirailleurs Sénégalais* waren (von 1857 bis 1905) meist ehemalige Sklaven, die die Franzosen den bisherigen Besitzern abgekauft hatten. Oft waren sie bereit, gegen diejenigen Volksgruppen zu kämpfen, die sie als Sklavenjäger einst versklavt hatten. Nachdem die Europäer über zweihundert

Jahre den afrikanischen Sklavenhandel massiv befördert hatten, profitierten sie nun auch von der Befreiung der Sklaven.

Wenig Widerstand trat hingegen vor allem dort auf, wo die Kolonialstaaten nur schwach oder gar nicht präsent waren, wie im Norden Deutsch-Südwestafrikas oder im Osten Angolas. Hier war von der Kolonialherrschaft und der Zugehörigkeit zu einem europäischen Reich lange Zeit kaum etwas zu spüren, entsprechend später kam es in solchen Regionen zu massiven Widerständen.

Neben den unmittelbaren, offenen und direkten Widerstandsformen widersetzten sich die Kolonisierten auf vielfache Weise den Anordnungen der neuen Herren. Hier gab es ein breites Spektrum indirekter oder verdeckter Widerständigkeit. Das begann beim einfachen Ignorieren der Gesetze, beim Verschleppen ihrer Ausführung oder bei der Dokumentation scheinbarer, aber tatsächlich nicht erfolgter Verwaltungsakte. Man behauptete, wegen fehlender Ressourcen nicht zur Durchsetzung bestimmter Maßnahmen in der Lage zu sein – ein angesichts der dünnen Personaldecke in Kolonialverwaltungen schwer zu widerlegendes Argument. Andere verweigerten die Kooperation, entzogen sich jedem staatlichen Zugriff oder leisteten die geforderten Arbeiten nur im Bummelstreik. Diese Formen alltäglicher Widerständigkeit waren von den Kolonialherren nur schwer zu unterbinden, trugen aber dazu bei, deren Vorurteile über die Faulheit, Resistenz und Uneinsichtigkeit der (kolonial unterdrückten) Bevölkerungen zu bestätigen (Quelle 8).

2 Koloniale Realitäten

2.1 *Herrschaft: Militärische Stärke und schwache Verwaltungen*

In den britischen und französischen Besitzungen, die im 19. Jahrhundert eine enorme Ausdehnung in Afrika, Asien und Ozeanien fanden, wirkten zwar von Anfang an Beauftragte des Staates an der Verwaltung mit, doch waren die Formen und die Intensität des kolonialen Eingreifens sehr unterschiedlich. Im britischen Kolonialreich gab es einerseits vom Kolonialministerium (*Colonial Office*) durch einen Gouverneur direkt regierte »Kronkolonien« (z. B. karibische Inseln, Hongkong, Ceylon), andererseits »Protektorate«, in denen der Selbstverwaltung der indigenen Bevölkerung ein gewisser, aber nicht zu großer Spielraum gegenüber der formal indirekten Kolonialherrschaft eingeräumt wurde (z. B. Malayia, Sansibar, Uganda). In der kolonialen Praxis waren beide Typen freilich nie rein geschieden. Die vom Kolonialbeamten Lugard später formulierte »*indirect rule*« (Quelle 17) blieb ein so nie verwirklichtes Ideal. Auf andere Art »indirekt« war etwa die britische Herrschaft in Ägypten, wo zwar die von Muhammed Ali 1805 gegründete Dynastie erhalten blieb, tatsächlich aber der jeweilige britische Generalkonsul die Politik bestimmte. Hier wie auch in Indien, dem Zentrum seiner Kolonialherrschaft, setzte England aber auch Militär ein, um seine Interessen durchzusetzen. So wandelte sich im 18. Jahrhundert die private *East India Company* zu einer politischen Größe, die indische Herrscher ein- und absetzte und zugleich an deren Stelle Steuerhoheit und Ziviljustiz übernahm. Diese Allmacht wurde durch den *India Act* von 1784 ein wenig eingeschränkt, in dem Handel, Verwaltung und Justiz getrennt wurden und eine staatliche Oberaufsicht geschaffen wurde. Nach Indien schickte man, insbesondere nach dem großen Aufstand von 1857, eigens ausgebildete Beamte, die sich durch verschiedene Prüfungen qualifizieren mussten. Seit 1858 wurde Indien dann völlig von der Krone übernommen und durch einen Vizekönig regiert. Formaler Abschluss der Integration ins britische Empire war dann die Annahme des indischen Kaisertitels durch Königin Victoria 1876.

Die französische Kolonisation erfolgte im 19. Jahrhundert oft aus einer direkten Konkurrenz zu England und war von Anfang an staatlich organisiert. Die koloniale Verwaltung wurde deshalb den zentralen Verwaltungsstrukturen im Mutterland angepasst. Obwohl die Eroberung Algeriens (ab 1830) und Westafrikas (ab der Jahrhundertmitte) oft in brutaler militärischer Form verlief, wurde als offizielle Parole der französischen Kolonisation die Assimilation der Afrikaner an die französische Zivilisation ausgegeben. Man wolle »viele neue Frankreichs schaffen« (so der Minister Gabriel Hanotaux), als letztes Ziel wurde die politische und rechtliche Gleichstellung der Kolonisierten propagiert. Tatsächlich ging es aber vor allem um das Heranbilden einer europäisierten und kooperationswilligen Elite. Algerien entwickelte sich durch zunehmende französische Einwanderung zu einer Siedlungskolonie, die 1848 zum Bestandteil des französischen Staates erklärt und in drei *Départements* aufgegliedert wurde. Auch in den französischen »Protektoraten« Cochinchina (Südvietnam; 1859–1862), Kambodscha (1867) und Laos (1893) wurde eine zentralistische Verwaltung eingeführt.

Zu den Staaten mit langer kolonialer Tradition gehörten auch die Niederlande. Kern ihres Kolonialreichs war das seit 1677 als »Protektorat« durch die private Ostindien-Kompanie regierte Java. Die Verwaltungsstruktur der Kompanie wurde nach 1800 von der niederländischen Regierung übernommen. Das Kolonialministerium überließ allerdings die Praxis der Herrschaft dem jeweiligen Generalgouverneur in Batavia (Jakarta) und seinen Beamten. Die holländischen »Residenten« überwachten die einheimischen Aristokraten und erzwangen nach 1830 von den einheimischen Bauern Ertragsabgaben von den angebauten Handelspflanzen (Kaffee, Tee, Tabak, Zuckerrohr).

Der Kolonialbesitz Portugals war im 19. Jahrhundert auf kleine Stützpunkte in Indien, Indonesien, China und Afrika zusammengeschrumpft. Erst im »Wettlauf um Afrika« am Ende des Jahrhunderts bekam Portugal die größeren Territorien Angola und Mosambik (1891) zugesprochen, vor allem, weil die anderen Großmächte eine weitere Ausdehnung des britischen Empire eindämmen wollten. Das Verwaltungssystem folgte dem französischen Muster, d. h. die Regierung in Lissabon ernannte die Gouverneure und Beamten, wobei den Portugiesen auf unterster Ebene Afrikaner als Staatsbeamte zur Seite gestellt wurden.

Auch das Deutsche Reich beteiligte sich erst spät am Wettlauf um die Aufteilung noch nicht europäisch beherrschter Gebiete in Afrika, Asien und Ozeanien. Reichskanzler Bismarck ließ sich nur widerstrebend von der zunehmenden öffentlichen Kolonialpropaganda (Quelle 2 und 4) dazu motivieren, Schutzbriefe für private deutsche Kolonialgesellschaften auszustellen, die große Gebiete in Afrika (1884/85) und Neuguinea (1889) erworben hatten.

Die privaten Gesellschaften waren weniger am Aufbau einer effektiven Verwaltung interessiert, sondern primär an der Erschließung von Märkten und Ressourcen. Ihr Vorgehen provozierte ebenfalls zahlreiche Konflikte mit der Bevölkerung, was in Deutsch-Ostafrika zu großen Aufständen führte. Das veranlasste die Reichsregierung, selbst die Verwaltung in Deutsch-Ost- (1891) und Deutsch-Südwestafrika (1888), Togo, Kamerun (1884) und Ozeanien (Deutsch-Neuguinea und Samoa, 1892–98) zu übernehmen. 1897 wurde unter einem Vorwand in der chinesischen Küstenprovinz Shandong die Stadt Qingdao (»Tsingtau«) besetzt und das Gebiet um die Stadt Jiaozhou (»Kiautschou«) für 99 Jahre gepachtet (Quelle 11). Am Beispiel der deutschen Kolonialherrschaft lässt sich zeigen, wie hart und unflexibel die Kolonialherren oft agierten. Das hatte immer wieder Aufstände zur Folge, die Bevölkerung setzte sich gegen diese neuen, unterdrückenden Eingriffe bewaffnet zur Wehr (Quelle 5, 9, 13, 14). (Siehe Kap. 1.)

Noch später als Deutschland wurde Japan Kolonialmacht: Es »öffnete« 1876 Korea für sich, das es nach einem Krieg gegen China 1894/95 zur Kolonie, 1895 zu einem Protektorat nach westlichem Vorbild machte und 1910 annektierte. Nach dem Sieg über Russland 1905 wurde Formosa (Taiwan) auch formell japanische Kolonie und die Südmandschurei zu japanischem Einflussgebiet, bis Japan 1931–33 die ganze Mandschurei militärisch besetzte und zu einem Satellitenstaat unter Puyi, dem letzten Kaiser der mandschurischen Qing-Dynastie machte.

Schließlich entwickelten sich auch die ehemaligen Kolonien USA, Australien und Südafrika ihrerseits zu Kolonialherren. Südafrika übernahm nach dem Ersten Weltkrieg

Deutsch-Südwestafrika (erst 1990 als Namibia unabhängig) und Australien Deutsch-Neuguinea (östliches Papua, bis 1975), während die USA 1898 die spanischen Philippinen eroberten.

Die Herrschaftspraxis aller Kolonialmächte wies typische Gemeinsamkeiten auf: Insgesamt wenige Beamte regierten Millionen von Menschen. Ende der 1930er Jahre verwalteten in Nigeria 400 Beamte über 20 Millionen Einwohner, in Französisch-Westafrika 3660 Beamte über 15 Millionen Einwohner. An der Spitze standen aus der Metropole entsandte Gouverneure und Verwaltungen, auf mittlerer Ebene (Distrikt, County, Arrondissement) agierten einzelne Kolonialbeamte mit Hilfe einheimischer Hilfskräfte. De facto war der koloniale Staat auf der untersten (kommunalen oder lokalen) Ebene nicht mehr durch europäisches Personal präsent. Bei der Erhebung von Steuern und Abgaben, für die Ausführung von Anordnungen und Arbeiten, aber auch für die einfache Rechtsprechung war man auf einheimische Eliten angewiesen: *Chiefs* (»Häuptlinge«) oder andere Männer, die man für lokale Herrscher hielt oder die man dazu erklärte, waren unverzichtbare Handlanger der Kolonialherren. Besonders gerne griff man beim Rekrutieren von einheimischen Soldaten oder Verwaltern auf regionale Minderheiten zurück. Denn diese waren wegen ihrer marginalen Stellung besonders auf den Rückhalt durch die Kolonialherren angewiesen und zeigten weniger Hemmungen, deren Anweisungen gegenüber einer potentiell widerständischen Restbevölkerung durchzusetzen. Um ihre neu gewonnenen Positionen zu behaupten, waren diese »Kollaborateure« (wie sie von den Widerstands- und Unabhängigkeitsbewegungen später genannt wurden) oft besonders loyal gegenüber der Fremdherrschaft.

Vor Ort war die Machtsituation meist weniger klar und die Kolonialherren konnten vieles nur auf dem Verhandlungsweg durchsetzen. Die Kolonisierten waren keineswegs passiv oder nur Betroffene einer aus der Metropole bestimmten Politik: Vielmehr gestalteten sie die kolonialen Verhältnisse aktiv mit. Das manifestierte sich etwa in der Aneignung kolonialer Institutionen für eigene Zwecke. Geschickte Makler im Umgang mit den Europäern machten sich deren oft mangelndes Verständnis der lokalen Verhältnisse zu Nutze. Einige verschafften sich z. B. als *Chief* eine neue Machtposition. Andere, vor allem die erwähnten ethnischen Minderheiten oder marginalisierten Gruppen, nutzten die neuen Bildungschancen und besuchten etwa als erste die Missionsschulen. Anschließend konnten sie als Alphabetisierte koloniale Mittlerpositionen in Verwaltung, Schulen und Kirchen besetzen. Ein besonders erfolgreiches Beispiel lieferte hierfür Sir Apolo Kaggwa (1869–1927) aus Buganda, der als lokaler Anführer einer protestantischen Fraktion die Briten als Bündnispartner gegen konkurrierende katholische oder islamische Fraktionen einsetzen konnte. Auf diese Weise gelangte er sogar in das Amt eines Premierministers.

Kennzeichnend für alle Kolonialregime war auch, dass rechtliche Grundsätze und ethische Prinzipien, die im Heimatland galten, auf die Kolonien keine Anwendung fanden: Weder *Habeas Corpus* und andere bürgerliche Grundrechte (Rechtsgleichheit, Religionsfreiheit, Versammlungs- und Meinungsfreiheit etc.) noch die Gewaltenteilung wurden in den Kolonien umgesetzt. Diese Rechte und Freiheiten galten stets nur für die Kolonialherren, so gut wie nie für die Kolonisierten. Keine Ausnahme bildeten hierbei die Demokratien, wie die französische Dritte Republik oder die USA. Die Menschen in den Kolonien wurden nicht als gleichberechtigte Rechtssubjekte betrachtet, sondern in der Regel als unmündige Untertanen angesehen (Quelle 8 und 18).

Wenn diese »Zusammenarbeit« mit den Kolonisierten nicht funktionierte, dieselben eine solche verweigerten und Verhandlungen keinen Effekt zeigten, besaßen alle Kolonialregime wenig Hemmungen, Maßnahmen wie Steuererhebungen mit militärischer Gewalt durchzusetzen oder Strafmaßnahmen durchzuführen (Quelle 5, 13, 14). Wer in den afrikanischen Kolonien die überall erhobene und in Geld zu entrichtende Hüttensteuer verweigerte, der musste damit rechnen, dass Kolonialsoldaten die Behausungen anzündeten oder zerstörten. Zweck der meisten Steuern waren ohnehin nicht die quantitativ unbedeutenden Geldeinnahmen, sondern der dadurch erzeugte Zwang zum Geldverdienen – also zur unterbezahlten Lohnarbeit für die Kolonialisten.

Während des Ersten Weltkriegs (1914–18) fanden in den Kolonien wenige Kriegshandlungen statt. Ausnahmen waren Qingdao (die deutsche Kolonie in China), das von den Japanern noch 1914 erobert wurde, und Deutsch-Ostafrika, wo der Kommandant Lettow-Vorbeck gegen die Briten mit Hilfe einheimischer Söldner (*Askaris*) einen militärisch ziellosen Guerilla-Krieg führte, der unter der Zivilbevölkerung etwa 700 000 Opfer forderte. Das mit dem Deutschen Reich verbündete Osmanische Reich verlor das arabische Vorderasien an England, in dessen Truppen viele Soldaten aus den *Dominions* und aus Indien kämpften. Der weltweite Charakter des Krieges 1914–18 dokumentierte sich vor allem in diesem militärischen Einsatz von mehreren Millionen Soldaten aus den ehemaligen oder noch bestehenden französischen und englischen Kolonien. Nicht nur Kanada, Australien und Südafrika schickten Hunderttausende Soldaten auf die europäischen Schlachtfelder. Dort wurden auch bis zu einer Million freiwilliger indischer Soldaten als Hilfstruppen eingesetzt, ca. 100 000 von ihnen bis 1915 auch als kämpfende Verbände. Frankreich rekrutierte etwa 500 000 Soldaten aus West- und Nordafrika. Genaue Zahlen über den Einsatz oder die Verlustrate dieser kolonialen Hilfstruppen sind bis heute nicht bekannt (Quelle 16 und 18).

2.2 *Wirtschaft: Der Reichtum der Kolonien*

Die koloniale Expansion der europäischen Staaten schuf seit dem 16. Jahrhundert den »interkontinentalen Tauschzusammenhang« (Jürgen Osterhammel), der unsere Welt bis heute prägt. Die gehandelten Güter waren anfangs vor allem landwirtschaftliche Produkte: Gewürze, Tee, Kaffee (Asien), Zucker, Tabak (Lateinamerika, Karibik), Pelze (Nordamerika). Aus Lateinamerika kamen seit der Entdeckungszeit Edelmetalle (Silber) und aus Afrika Gold und vor allem Sklaven. Europäische Schiffe brachten Schusswaffen, Alkohol und Glasperlen nach Afrika, wo man im Tauschhandel an der Küste Sklaven erwarb, die dann nach Brasilien oder in die Karibik zur Plantagenarbeit transportiert wurden. Dort verluden sie nun den von den Sklaven produzierten Zucker, Reis oder Tabak für die nordatlantischen Konsumenten. Dieser frühneuzeitliche Atlantikhandel (auch »Dreieckshandel«) war ganz auf die Bedürfnisse der europäischen Konsumenten ausgerichtet. Eine Unterwerfung auch des afrikanischen Kontinents war dafür nicht nötig, solange Afrikaner andere Afrikaner versklavten und verkauften. Mit dem britischen Verbot des Sklavenhandels ging auch das Interesse am afrikanischen Kontinent für einige Jahrzehnte deutlich zurück.

Von diesen frühneuzeitlichen Wirtschaftsbeziehungen unterschied sich die koloniale Wirtschaft vor allem im 19. Jahrhundert sehr deutlich. Sie ging einher mit der Übernahme der Steuerhoheit und der Kontrolle des Außenhandels der jeweiligen Gebiete. In vielen Weltregionen breitete sich damit die Geldwirtschaft erstmals aus. Über den Zwang zur Zahlung von Steuern (z. B. Hüttensteuer) wurden die Bauern auch genötigt, handelbare Produkte anzubauen. Dazu gehörten traditionelle Nahrungsmittel wie Weizen, den England aus Indien importierte, oder Reis, der aus dem britischen Burma nach Indien, aber auch aus dem französischen Cochinchina nach Südchina exportiert wurde. Dabei veränderten diese Exporte auch die hierin einbezogenen Länder, ganze Landschaften wurden umgestaltet, neue Arbeits- und Abhängigkeitsverhältnisse entstanden.

Die koloniale Herrschaft erlaubte es den Europäern, die globalen Warenströme einseitig zu ihren Gunsten zu manipulieren. Während sie in ihren Kolonien den Anbau bestimmter Agrarprodukte anordneten, erzwangen sie unter dem fadenscheinigen Vorwand des Freihandels die Öffnung von Märkten: Weil beispielsweise die Briten ihre Teeimporte aus China nicht mehr mit teurem Silber bezahlen wollten, ließen sie in Indien Opium zum Export für den chinesischen Markt anbauen. Für China bedeutete dies nicht nur ein ernsthaftes Drogenproblem, sondern vor allem den Verlust einer so großen Menge Silber, dass die Steuereinnahmen ernsthaft gefährdet wurden. Aus dem chinesischen Versuch, dies zu ändern, entstand der britisch-chinesische Opiumkrieg 1838–42.

Das indische Baumwollgewerbe wurde zugunsten der englischen Textilindustrie in Lancashire langsam ruiniert: Vom größten Exporteur von Baumwollstoffen noch zu Anfang des 19. Jahrhunderts wurde Indien zum Importeur, führte allerdings weiterhin Baumwollgarn aus. Der indische Export von Jute (für Säcke) und Steinkohle wurde durch britische Investitionen mit entsprechenden Rückflüssen an die Geldgeber finanziert.

Im Bereich des Handels und der agrarischen Produktion konnten lokale Eliten oder Kleinbauern (z. B. im Kaffee-, Palmöl- oder Kautschukanbau) von den Exportchancen profitieren – wenn auch nicht im gleichen Maße wie die europäischen Kaufleute. Selbst die harte und gefährliche Arbeit in den südafrikanischen Diamant- und Goldminen war trotz der (im Vergleich zu keineswegs hohen Bergarbeiterlöhnen in Europa) miserablen Bezahlung für viele junge Männer attraktiv, weil sie sich so die materielle Voraussetzung für eine Heirat verschaffen konnten. Bei aller Unterdrückung und Ausbeutung – die hier nicht relativiert oder geleugnet werden soll – war koloniale Herrschaft eben immer auf die Beteiligung und aktive Mitarbeit von Kolonisierten angewiesen.

Englische Banken investierten 40 % ihres Kapitals in Ländern des britischen Empire. Nach 1870 floss vor allem britisches und französisches Kapital, aber auch Geld aus Deutschland, der Schweiz und den USA als Anleihen in Staaten Lateinamerikas, nach Nordafrika und Asien. Wenn noch unabhängige Staaten (wie z. B. das Osmanische Reich, Ägypten, Marokko) die Rückzahlung dieser Kredite nicht mehr leisten konnten, begann eine wirtschaftliche Kolonisierung, indem die Europäer die Übernahme der jeweiligen Finanzverwaltung durchsetzten. So pfändeten sie z. B. die ägyptischen Einnahmen aus dem Suezkanal oder die der chinesischen Seezollbehörden. Obwohl die europäischen Investoren ihr Risiko ja bereits durch die hohen Zinsen auf die entsprechenden Finanzpapiere abgesichert hatten, diente dies nun als Begründung für eine kolonialähnliche Herrschaft – ohne dass aber den Europäern hohe Kosten für die Verwaltung oder militärische Beherrschung entstanden. Gerade China wurde durch Entschädigungszahlungen nach verlorenen Kriegen (z. B. nach 1901) langjähriger Schuldner ausländischer Staaten, zu denen nach 1895 (Frieden von Shimonoseki) auch Japan gehörte (Quelle 19).

Im Abbau von Bodenschätzen vollzog sich in den Kolonien ein Wandel. Zwar erlebte die traditionelle Edelmetall- und Mineralausbeute noch neue Konjunkturen durch Goldfunde in den USA (1848, 1896), Australien (1851) und Südafrika (1886) sowie Diamantenfunde in Südafrika (1867) und Deutsch-Südwestafrika (1908). Insgesamt gesehen wichtiger wurden aber Rohstoffe für die Industrie: Zinn, Kupfer oder Kautschuk für die entstehenden Elektro- und Fahrzeugindustrien, aber auch Palmöl für die Chemie- und Lebensmittelindustrie. Seit Anfang des 20. Jahrhunderts ging ein großer Teil der mineralischen Rohstoffe aus dem asiatischen Raum (auch aus europäischen Kolonien) an das sich rasant industrialisierende Japan (Chrom und Mangan aus den Philippinen, Eisen und Bauxit aus Malaya, Steinkohle aus Indochina, Erdöl aus Indonesien und Borneo).

Im Agrarsektor, zu dem auch die Konsumrohstoffe Zucker und Tabak zu rechnen sind, wurde dabei die alte Wirtschaftsform der Plantage reaktiviert (z. B. im südafrikanischen Natal, auf dem niederländischen Sumatra). Kapitalgesellschaften organisierten diese Großpflanzungen (z. B. für Kaffee und Kakao) nun ausschließlich für den Export. Die vielen benötigten Arbeitskräfte waren oft Wanderarbeiter, die in Asien oft aus China kamen (sogenannte »Kulis«). Sie waren keine Sklaven mehr, auch wenn sich ihre Lebens- und Arbeitsbedingungen kaum davon unterschieden.

In vielen Regionen Afrikas dominierten nun langfristig die Bergbauinteressen. Hinsichtlich des Umgangs mit menschlichen Arbeitskräften, den Naturressourcen und den Bodenschätzen kann man die koloniale Wirtschaft insgesamt nur als ausbeuterisch und wohl kaum als nachhaltig bezeichnen.

Die Intensivierung der kolonialen Wirtschaft setzte den Ausbau von Verkehrswegen voraus. Das spektakulärste dieser Projekte war der französisch-ägyptisch finanzierte Suezkanal (1859–69). Die Metropolen waren durch Eisenbahnen bereits eng vernetzt, doch in den Kolonien wurde ihr Bau fast ausschließlich für den Transport von Waren zu den Exporthäfen vorangetrieben. Daher blieb das Streckennetz auch in der Regel dünn. Eine Ausnahme war Indien, in dem auch die Einnahmen aus dem Bahnbetrieb lukrativ waren, sowie Siedlungskolonien, in denen dort ansässige Weiße Einfluss auf die Streckenführung nehmen konnten (Rhodesien, Südafrika, in Ansätzen Deutsch-Südwestafrika), um die eigenen Agrarprodukte besser vermarkten zu können. Einzig der außerordentlich repressive japanische Kolonialismus hinterließ in Korea, Taiwan und Nordchina eine Infrastruktur, die nach 1945 die Industrialisierung begünstigte.

Um den maximalen Nutzen aus den Kolonien zu ziehen, setzte die Kolonialpolitik meist auf eine Spezialisierung der verschiedenen Regionen. So dominierte im französischen Senegal der Erdnussanbau, in der Elfenbeinküste die Kakaoplantagen und im britischen Kenia der Kaffee. Aus der Privatkolonie des belgischen Königs im Kongo wurde vor allem Kupfer und Kautschuk gewonnen. Solange der Kautschuk (für Fahrrad- und Autoreifen) vor allem von wild wachsenden Bäumen im Regenwald gezapft werden musste, setzten die ›Drückerkolonnen‹ der Käufer auf ganz besonders brutale Methoden: Oft wurden ein Dorf umstellt, Frauen und Kinder mit Waffengewalt zusammengetrieben und den Männern eine knappe Frist gesetzt, je einen Topf mit frischem Kautschuk zu füllen. Gelang ihnen dies nicht oder nicht schnell genug, schnitten die Erpresser mit Macheten den Angehörigen die Hände oder andere Körperteile ab. Erst als in Südostasien die neu eingeführten Kautschukbäume genügend Saft erzeugten und auf den Protest der europäischen Öffentlichkeit hin, begann die Kolonialverwaltung gegen diese Praxis vorzugehen. Der britische Konsul Roger Casement schätzte, dass die Bevölkerung des Kongo in den letzten Jahren vor dem Ersten Weltkrieg um ungefähr sechzig Prozent zurückgegangen war.

Die Ausrichtung der kolonialen Wirtschaft auf einige wenige, gut zu vermarktende Produkte hatte in finanzieller Hinsicht einige Vorteile. Denn für die Kolonialstaaten – anders als für private Geschäftsleute und Unternehmen – hat der Kolonialbesitz kaum je die volkswirtschaftlichen Hoffnungen erfüllen können, die die Regierungen damit verbunden hatten (Quelle 3, 4 und 11): Bis 1913 fand der internationale Handel zu drei Vierteln zwischen europäischen Staaten sowie mit ihren neo-europäischen Siedlungskolonien (z. B. Australien, Nordamerika, Südafrika) statt. Zwar existierten gleichzeitig in Asien regionale Subsysteme regen Handelsverkehrs, an dem z. T. auch europäische Handelsfirmen beteiligt waren. Doch trotz der Transportrevolution im letzten Drittel des 19. Jahrhunderts (Dampfschiffe, Suezkanal), die die Reisezeiten um 40 bis 70 % verringerte, war der Güteraustausch zwischen Kolonien und Metropolen immer noch relativ gering. Lukrativ konnte dieser Handel für private Firmen durchaus sein. Nach dem Ende der großen Handelskompanien war die aufwendige Kolonialverwaltung auf die Staaten übergegangen, bei denen das Verhältnis von Investition (Infrastruktur, Militär) und Ertrag (Steuern, Zölle) aber durchweg negativ blieb. Verlustreich waren Kolonien vor allem für den Staat, weniger für die Kaufleute oder die europäischen Siedler. Das galt auch für die sehr kurze deutsche Kolonialgeschichte.

Die Kosten für eine umfangreiche Verwaltung, die in der Lage gewesen wäre, flächendeckend Steuern etwa auf Landbesitz oder Ernten zu erheben, wollte sich keine Regierung leisten. Das war unpopulär und hätte die heftige Kritik der Parlamente hervorgerufen. Wegen der schwachen Exekutive konzentrierten sich die Kolonialstaaten meist darauf, die Produktion oder den Abbau einiger weniger Exportgüter zu fördern, um diese dann in den Häfen zu besteuern, auf die alle Verkehrswege hin ausgerichtet waren. Hierfür benötigte man keinen gut ausgebildeten umfangreichen Verwaltungsapparat. Der Afrikahistoriker Frederik Cooper hat diese Form der Gewinnabschöpfung zutreffend »Türwächterstaat« (»*gatekeeper state*«) genannt. Indem der Kolonialstaat mit den Häfen die Ein- und Ausfuhrtore kontrollierte, konnte er einfach und billig seinen Anteil an den kolonialen Einkünften abzweigen. Wer die Tore kontrollierte, bestimmte die Staatseinkünfte. Diese Ausrichtung hatte langfristige Folgen weit über die Kolonialzeit hinaus, denn wer das Tor bewachte und die zentralen Exportgüter des Lands kontrollierte, besaß auch die wirtschaftliche Macht. Eine Diversifizierung (also eine Ausweitung und Vervielfältigung der wirtschaftlichen Aktivitäten) lag deshalb auch später nicht im Interesse der postkolonialen Machthaber, weil diese sich so ihre eigene Machtbasis untergraben hätten.

2.3 *Die Kolonisierung der Umwelt: Wildnis und Zivilisierung der Natur*

Viel dauerhafter als in den anderen Bereichen prägte der europäische Kolonialismus die Veränderungen der natürlichen Umwelten in Amerika, Afrika, Asien und Australien. Mit der Ankunft der Europäer gelangten nicht nur neue Krankheitserreger, die wie die Pocken sehr schnell viele Millionen Menschen dahinrafften, sondern auch Tiere und Pflanzen in die »Neue Welt« mit tiefgreifenden Folgen (sog. *Columbian Exchange*, nach Alfred Crosby). Die mitgebrachten Pferde, Esel, Rinder, Schweine, Ziegen und Schafe schufen die Grundlage für eine europäisch geprägte Landwirtschaft (und unbeabsichtigt für die neue Pferdekultur der Prärie-Indianer) und veränderten zugleich die

Ökologie der Kontinente. Rinder und Schafe bevorzugten andere Futtergräser als die einheimischen Tiere, bzw. diese waren dieser neuen Art von Verbiss nicht gewachsen und konnten sich nicht regenerieren. Die in ihren Fellen und im Saatgut (Weizen) mitgebrachten Samen von »Unkräutern« verbreiteten sich ohne Konkurrenz so schnell, dass sie von neu ankommenden Siedlern als einheimisch identifiziert wurden. Unfreiwillig importiert wurden auch Ratten und Katzen, mit verheerenden Wirkungen für die Vogelwelt Neuseelands und anderer Inseln, auf denen es keine Raubtiere gegeben hatte. Andere biologische Invasoren waren von den Europäern als nützliche Tiere ausgesetzt worden, um sie zu jagen oder zu fischen. Mit ähnlich drastischen Folgen verbreiteten sich der Karpfen über die nordamerikanischen Großen Seen, der Nilbarsch im Viktoriasee oder die Kaninchen in Australien.

Insbesondere in den überseeischen Siedlungskolonien gestalteten die fremden Anbaumethoden mit Pflug und Weidewirtschaft eine völlig neue Kulturlandschaft. Auch wenn sich Europäer die neu erschlossenen Regionen gerne als eine unberührte Wildnis vorstellten, waren auch die Landschaften Australiens, der großen Prärie oder der argentinischen Pampa durch Menschen mitgestaltet worden – nur eben auf andere Weise. Indianer und Aborigines hatten mit Feuer und durch ihr Jagdverhalten ebenfalls die natürliche Umwelt entscheidend mitgeprägt, auch wenn dies für europäische Augen nicht unmittelbar zu erkennen war. Die Zähmung der Wildnis und die Beherrschung der wilden Natur, zu der meist auch die einheimischen Menschen gezählt wurden, gehörten deshalb nach Ansicht der Kolonialisten zu ihren großen Pionierleistungen. Sie galt es zu unterwerfen. Gemäß ihren eigenen Vorstellungen machten Kolonialisten eine Wildnis urbar und erschlossen sie für die Zivilisation, ohne dabei auf das vorhandene Ökosystem oder die bisherigen Bewohner große Rücksicht zu nehmen. Deshalb finden sich die meisten europäischen Siedlungskolonien in klimatischen Zonen, in denen sie ihren »biologischen Musterkoffer« (Crosby) mitgebrachter Haustiere und Kulturpflanzen am besten verwenden konnten. In den Tropen fand sich keine größere europäische Kolonie, die sich mit den Siedlungskolonien in Nordamerika, am südafrikanischen Kap, an der Mittelmeerküste Algeriens oder an der australischen Küste vergleichen ließe. Die vorhandenen Umweltbedingungen prägten also die Richtung europäischer Siedlungsmigration entscheidend mit.

Die Nutzung der einheimischen Naturressourcen geschah zunächst vor allem durch die Jagd. Typische Kolonialprodukte aus nichtbesiedelten Regionen waren amerikanische Biber- und Bisonpelze oder afrikanisches Elfenbein. Mit der Jagd auf Großwild wie Löwen und Tiger, Elefanten und Nashörner demonstrierten Kolonialisten ihre Überlegenheit über eine potentiell gefährliche Natur – und setzten dabei in Indien oder Afrika bereits etablierte Formen symbolischer Inszenierung von Herrschaft fort. Der Burenpräsident Paul Kruger (1825–1904) etwa berichtete, er habe seine Jagdbeute nie genau gezählt, man müsse aber von mindestens 30 bis 40 Elefanten und fünf Löwen ausgehen sowie ungezählten Antilopen, Giraffen, Flusspferden und Nashörnern. Die intensive Jagd führte auf allen kolonisierten Kontinenten zur Dezimierung und Ausrottung einiger Tierarten, wie des südafrikanischen Quagga (Zebra) und des Blaubocks, einiger Gazellen- und Nashornarten, des Bali- und Javatigers, während die unmittelbar drohende Ausrottung des nordamerikanischen Bisons durch das Ausweisen von Nationalparks gerade noch verhindert werden konnte. Der Tierschutz durch die Etablierung von Nationalparks ist ebenfalls ein Produkt des Kolonialismus, vorangetrieben und politisch durchgesetzt von passionierten Jägern aus der weißen Oberschicht. Auf diese Weise wollten sie den Erhalt ihrer exklusiven Jagdbeute sicherstellen – gegen die Konkurrenz einheimischer Jäger anderer Herkunft. Insofern trägt auch der südafrikanische Kruger-Nationalpark seinen Namen zu Recht, dessen kleinerer Vorläufer noch von Paul Kruger eingerichtet worden war.

Die wirtschaftlichen Interessen der Metropolen waren aber für weitaus gravierendere Umweltveränderungen verantwortlich. So hat der Bedarf an Mahagoni-, Teak- und anderen tropischen Harthölzern zu massiv zerstörerischen Eingriffen in das verletzliche Ökosystem der Regenwälder geführt und viele irreversibel zerstört. Ähnliche Effekte gingen vom Kautschukexport und dem Bedarf an zusätzlichen Ländereien für Plantagen oder landwirtschaftliche Monokulturen aus. Insbesondere die Zuckerproduktion laugte nicht nur den Boden aus, sondern verbrauchte enorme Mengen an Brennholz zum Sieden der Melasse – die Erosionsspuren nach dem Raubbau am Wald sind heute noch auf vielen karibischen Inseln sichtbar. Wo sie tatsächlich eingeführt wurden, gehörten die Forstverwaltungen, die der nachhaltigen Holzproduktion und dem Erhalt der Wälder verpflichtet waren, hingegen zu den stabilisierenden Faktoren der kolonialen Umweltgeschichte. Forstverwaltung und Jagdschutz waren koloniale Institutionen, die gegen die unmittelbaren Interessen der einheimischen Bevölkerung durchgesetzt wurden. Wenn Knappheit an verfügbarem Ackerland bestand, musste eine Prioritätenentscheidung getroffen werden zwischen den Interessen der notleidenden Menschen, oft aus marginalisierten Gruppen der Kolonialgesellschaft (Indien: *tribes*), und dem Erhalt der »Natur«. Im indischen Kontext erhielt diese Debatte den Namen »*Tiger versus Tribe*«.

Auch auf indirekte Weise trugen die Maßnahmen der Kolonialherren zu einer Umwandlung der Ökosysteme bei: die eingeschleppten Krankheiten, die vielen Kolonialkriege, die neuen Anbaumethoden und Feldfrüchte sowie die Hungerkrisen wirkten sich auf die Bevölkerungsentwicklung aus. Die phasenweise Entvölkerung amerikanischer und afrikanischer Landschaften begünstigte das erneute Vordringen der Wälder und der Buschlandschaft. Wie in allen historischen Epochen war auch im Zeitalter des Kolonialismus die Bevölkerungsentwicklung ein besonders entscheidender umwelthistorischer Faktor.

2.4 *Gesellschaft und Kultur: Sklaverei, Rassismus und Zivilisierungsmission*

In den afrikanischen und asiatischen Kolonien lebten Kolonisierte und Kolonisatoren im wesentlichen räumlich getrennt (Segregation). Das galt gleichermaßen für Siedlungs- wie Beherrschungskolonien. In Lateinamerika und der Karibik war dies anders, hier bildeten sich gemischte Bevölkerungsmehrheiten aus Mestizen (indianisch-europäisch) und Mulatten (afrikanisch-europäisch), wenngleich die politisch herrschende Schicht bis zum Ende des 20. Jahrhunderts weiß blieb. Der hohe soziale Status, der weißhäutigen Menschen in der Kolonialzeit und auch später noch zugeschrieben wurde, wird etwa daran deutlich, dass sich der dominikanische Diktator Rafael Trujillo Molina (1891–1961) vor öffentlichen Auftritten weiß schminken ließ. Auch in Afrika und Asien gab es sexuelle Verbindungen von Soldaten und Bürokraten aus der Kolonialverwaltung mit einheimischen Frauen, doch errangen deren Nachkommen selten einen legitimen Status; vielfach wurde diese Rassentrennung in eigenen gesetzlichen Regelungen festgeschrieben (Quelle 10).

Die schärfste Form der Segregation war allerdings die Sklaverei. Seit der Mitte des 17. Jahrhunderts waren bis in die 1840er Jahre rund elfeinhalb Millionen Afrikanerinnen und Afrikaner als Sklaven nach Amerika verschleppt worden. Die Abschaffung des Sklavenhandels wurde durch eine bis dahin noch nie gekannte politische Massenbewegung in Großbritannien seit Ende des 18. Jahrhunderts eingeleitet. Nur in der französischen Kolonie Saint Domingue gewannen Sklaven durch einen Aufstand unter Führung des charismatischen François-Dominique Toussaint-Louverture (1743–1803) ihre Freiheit und begründeten 1804 den unabhängigen Staat Haiti. Frankreich hatte während der ersten Republik (1794) die Sklaverei verboten, 1802 wurde sie von Napoleon wieder erlaubt und erst 1848 auch in den Kolonien untersagt. Währenddessen kontrollierte die britische Kriegsmarine mutmaßliche Sklaventransporte und zerstörte einige Sklavenforts an der afrikanischen Küste. Auch die USA schlossen sich dem Verbot des Sklavenhandels an, ein Verbot der Sklaverei folgte aber erst 1863, auch motiviert von dem Versuch der Nordstaaten, schwarze Soldaten für die eigenen Kriegsanstrengungen zu mobilisieren (Quelle 18). In Brasilien wurde die Sklaverei sogar erst 1888 verboten. Dort und in den USA wurden die Sklavenhalter, anders als in England und Frankreich, auch nicht staatlich entschädigt. In die USA wurden als billige Arbeitskräfte nun Hunderttausende chinesischer »Kulis« importiert, die als Arbeitsmigranten auch nach Südafrika, Australien, auf die Plantagen Sumatras und die Inseln des Stillen Ozeans kamen, aber auch großen Anteil am Bau der transkontinentalen Eisenbahn in den USA hatten.

In anderen Weltregionen existierte Sklaverei faktisch noch bis ins 20. Jahrhundert, so etwa in Indien oder auch in der islamischen Welt, wo das Ende der Sklaverei in Tunis (1843) eine frühe Ausnahme blieb. In Ägypten wurde die Sklaverei 1882, in Iran 1890 und in der Türkei erst 1928/29 verboten.

Angesichts dieser Verhältnisse konnte der Kolonialismus Ende des 19. Jahrhunderts als eine Bewegung des Fortschritts im Kampf gegen die Sklaverei gerechtfertigt werden. Dies passte in das Gedankengebäude der »Zivilisierungsmission«, mit dem seit etwa 1800 die imperiale Ausbreitung Europas begründet wurde. Die maßgebenden zivilisatorischen Standards waren in den eigenen Gesellschaften erst allmählich nach der Französischen Revolution durchgesetzt worden. Dazu gehörten das geschriebene, für alle Bürger gleichermaßen geltende Recht, die Handelsfreiheit, aber auch Alphabetisierung und medizinisch wirksame Hygiene. Einzig Frankreich wollte programmatisch die Kolonisierten auch an die eigene »Hochkultur« assimilieren.

Diesen hohen Maßstäben entsprach die koloniale Praxis selten (vgl. Kap. 1). Am stärksten widerstrebte dieser Zielvorstellung der im 19. Jahrhundert in allen Kolonialländern sich verbreitende Rassismus (Quelle 1). Er entstand nicht am Anfang der Sklavenhaltung, sondern an ihrem Ende und diente der Rechtfertigung fortdauernder gesellschaftlicher Ungleichheit, besonders in Zeiten, als diese durch politische Revolutionen (1789, 1830, 1848) oder durch die zunehmende Industrialisierung erschüttert wurde. Die alltäglichen Lebensverhältnisse prägte der Rassismus besonders in den Siedlungskolonien, wo viele europäische Zuwanderer lebten. Die einheimische, bäuerliche Bevölkerung wurde dort oft vom besten Ackerland vertrieben, das die europäischen Siedler sich aneigneten. Der Rassismus war in den neu gegründeten kolonialen Städten schwieriger durchzusetzen, weil dort die Europäer notwendigerweise nicht nur mit einheimischem Dienstpersonal, sondern auch mit den kaufmännischen oder administrativen Vermittlern zusammenarbeiten mussten, die den Kontakt zu den einheimischen Produzenten oder Käufern herstellten (in China: »Kompradoren«).

Auch in der Kolonialstadt war der Grundgedanke die Segregation, wie sie übrigens in China und Japan in vorkolonialer Zeit gegen Europäer angewendet worden war. Die ideale – nie so rein verwirklichte – Kolonialstadt wurde politisch-administrativ ausschließlich von Kolonisatoren beherrscht. Die Architektur orientierte sich ausschließlich an europäischen Vorbildern; die von den Weißen bewohnten Viertel besaßen eine europäischen Städten vergleichbare Infrastruktur, und hier galten auch in hygienischer Hinsicht europäische Standards (Kanalisation und Frischwasserversorgung). Die Ursprungsbevölkerung wurde auf eigene Stadtviertel begrenzt, so dass gewissermaßen mehrere, mehr oder weniger voneinander abgeschottete »Ghettos« nebeneinander existierten. Beispiele hierfür sind etwa Shanghai, Hongkong, Hanoi, Dakar, Batavia, Singapur, Dar es-Salaam oder Kapstadt.

Diese gesellschaftliche Segregation wurde auch an der Kleidung sichtbar: Kaum ein Kolonialist kleidete sich indisch oder chinesisch; wenn aber Inder, Chinesen oder Afrikaner sich europäisch anzogen, konnten sie dem arroganten Spott der Europäer anheimfallen (Quelle 17). Ausnahme war Japan, wo man sich in Geschäft oder Beruf europäisch anzog, während man zu Hause japanische Kleidung trug.

Die Macht- und Wirtschaftspolitik des Kolonialismus wurde propagandistisch vom Gedanken der »Zivilisierungsmission« überwölbt. Die Europäer waren davon überzeugt, dass ihre Kultur um so viel fortschrittlicher sei als alle anderen, dass eine Gleichberechtigung mit anderen Kulturen ausgeschlossen erschien. Diese Fortschrittsidee wurde vor allem von protestantischen Missionaren vorangetrieben, die aus den evangelikalen Erweckungsbewegungen des späten 18. und frühen 19. Jahrhunderts hervorgingen. Ihre Erfolge in der Konversion Einheimischer zum Christentum waren in Indien und China bescheiden, größer waren sie in Afrika. Missionare waren z. T. schon vor den Kolonialisten in die noch nicht fremdbeherrschten Territorien gekommen. Sie arbeiteten zwar teilweise den kolonialen Mächten in die Hände, manchmal lieferte sogar ihr »Märtyrertod« auch Anlass oder Vorwand für eine politisch lange geplante Inbesitznahme (etwa 1897 für das Deutsche Reich in China, vgl. Quelle 11). Andererseits kollidierte ihr Handeln oder ihre Überzeugung auch mit den Interessen der Kolonialverwaltung oder der Siedler. Missionare passten sich in Kleidung (China) oder Sprachbeherrschung (Asien, Afrika) der einheimischen Bevölkerung eher an, protestierten gelegentlich gegen deren Unterdrückung und schürten Unruhe gegenüber traditionellen Autoritäten, indem sie Sklaven befreiten, marginalisierte ethnische oder soziale Gruppen (oder auch Frauen) aufwerteten und dagegen die Autorität einheimischer Priester oder Schamanen untergruben.

Vor allem in zwei Bereichen der »Zivilisierungsmission« griffen sie der Kolonisation vor oder standen in Konkurrenz zu ihr: im Bildungs- und Gesundheitswesen. Der koloniale Staat interessierte sich zunächst überhaupt nicht für die Bildung der kolonisierten Bevölkerung. Im Laufe des 19. Jahrhunderts war ja auch in Europa gerade erst eine breite Alphabetisierung erreicht worden, die von der konservativen Oberschicht noch misstrauisch beobachtet wurde. Im nördlichen Afrika tolerierte die Kolonialverwaltung teilweise eher die Koranschulen, um die traditionelle Herrenschicht nicht zu beunruhigen. Im britischen Empire wurde vor allem in Indien ein anglisiertes Schulwesen gefördert, um indische Verwaltungsbeamte heranzuziehen. Auch Frankreich förderte ein säkulares Ausbildungswesen zum Aufbau einer kleinen assimilierten Elite, die die Kolonialverwaltung unterstützen sollte. An einer breiten Primarbildung bestand wenig Interesse. Vor allem in Siedlungskolonien (Südwestafrika, Algerien, Südafrika) wehrten sich die europäischen Zuwanderer gegen eine mehr als minimale Ausbildung der Einheimischen, die sie als Arbeitskräfte tauglich machen sollte.

Der Konflikt zwischen den Ansprüchen von Missionars- und Staatsschulen wird sichtbar etwa in den vielen Elementarschulen, die Missionare in den deutschen Kolonien Togo, Kamerun und Ostafrika eröffneten. In ihren Stundenplänen nahmen Religion und die einheimischen Sprachen die meiste Unterrichtszeit in Anspruch. In den dort in den 1890er Jahren gegründeten staatlichen Schulen standen dagegen Deutsch und Rechnen im Mittelpunkt des Lehrplans. Positive Ausnahme in den Alphabetisierungsanstrengungen waren die amerikanisch besetzten Philippinen, wo auf Anregung des US-Präsidenten Woodrow Wilson ein öffentliches Schulsystem etabliert wurde. Ein höheres Schulwesen oder gar Universitäten entstanden in allen Kolonien erst nach 1900.

So wie für die Kinder europäischer Siedler oder Beamter rein europäische Schulen eingerichtet wurden, versorgten anfangs europäische Ärzte ausschließlich Europäer. Nur Missionsstationen bildeten hier eine Ausnahme. Motiv einer Gesundheitsfürsorge für die indigene Bevölkerung war primär der Schutz der Kolonialisten vor ansteckenden Krankheiten. So wurden in den deutschen Kolonien in Afrika einfache »Farbigen-Hospitäler« eingerichtet, aber nicht immer für die elementarsten Hygienemaßnahmen (Latrinenbau) gesorgt. In Qingdao unterstützte das Reichsmarineamt die Missionare bei der Einrichtung von Krankenstationen für Chinesen. Hier (aber auch von der chinesischen Provinzverwaltung) wurden auch westlich ausgebildete chinesische Ärzte eingesetzt. Eine solche Gleichberechtigung kam etwa in der deutschen Kolonie Togo überhaupt nicht in den Blick deutscher Ärzte. Durch die erhöhte Migration verbreiteten sich auch Krankheiten wie die Pest rascher. In Asien gelangte sie nach 1890 bis Indien und zu den Philippinen, während die Cholera bis nach Europa kam,

Missionsschule in Kamerun

wo sie mehrere Epidemien auslöste (1830; 1848; 1892/93 in Hamburg). Die neuen medizinischen Erkenntnisse (Mikrobentheorie von Louis Pasteur, 1822–1895, und Robert Koch, 1843–1910) und die daraus folgenden Hygienemaßnahmen (wie die großstädtische Kanalisation und Wasserversorgung) waren auch in Europa Errungenschaften des 19. Jahrhunderts, die zumindest auf die europäischen Stadtviertel in den Kolonien übertragen wurden. Dazu gehörte auch die Verbreitung der Pockenimpfung. Die typischen, klimagebundenen Tropenkrankheiten dagegen (Malaria, Schlafkrankheit, Gelbfieber) wurden im 19. Jahrhundert wenig bekämpft. Auch wenn die Sorge der Kolonisatoren vorrangig ihrer eigenen Bevölkerung und ihrem Militär galt, ist doch insgesamt in dieser Kolonialepoche das Bewusstsein dafür entstanden, dass Seuchenprävention eine internationale Aufgabe ist.

3 Rückwirkungen auf die Metropolen

3.1 Kolonialpolitik und Kolonialkritik

Auch wenn alle europäischen Großmächte Kolonien besaßen und diesen Besitz gegen Rivalen verteidigten, war die koloniale Expansion in den Metropolen alles andere als unumstritten: Während Staatsmänner die Grenzen imperialer Einflusszonen absteckten und verhandelten, stritten Politiker aller Fraktionen in den Parlamenten über angeblich zu hohe Ausgaben für die Kolonialverwaltung oder die Feldzüge, debattierten journalistische Kommentare und Leserbriefe in den Zeitungen die Legitimität und die praktische Gestaltung kolonialer Politik. Das »nationale Interesse«, die »Weltgeltung« und die vorgebliche »Konkurrenz« der anderen Mächte dominierten die politischen Diskurse und verengten die Handlungsspielräume in der Außenpolitik (Quelle 3 und 11).

Nur wenige Kolonien waren wirklich profitabel, meist auch nur in der ersten und zweiten Kolonisierungswelle. Die iberischen Monarchen profitierten von den Edelmetallfunden in Mexiko, Peru und Brasilien. Im 18. Jahrhundert lieferte die Plantagenkolonie Saint Domingue (Haiti) durch ihre Zuckerexporte unverzichtbare Zolleinnahmen für den überschuldeten französischen Staat. Die frühneuzeitlichen Kolonien erzielten deshalb so hohe Gewinne auch für die Staatskassen, weil die jeweilige Krone den Handel mit den Kolonien durch Monopole steuerte und hier erhebliche Gelder abschöpfte. Doch im 19. Jahrhundert, in einem Zeitalter der wirtschaftlichen Liberalisierung, des zunehmenden Freihandels und der globalen wirtschaftlichen Vernetzung, waren Kolonien für den Staat meist ein unprofitables und teures Unternehmen. Die Verwaltungs- und Militärausgaben waren um ein Vielfaches höher als die erzielten Steuer- oder Zolleinnahmen, auch weil man Monopole und Handelsbeschränkungen in der Regel ablehnte (außer es betraf wichtige oder einflussreiche Gruppen wie die ostelbischen Gutsbesitzer, die hohe Schutzzölle auf Agrarimporte durchsetzen konnten).

Im letzten Drittel des 19. Jahrhunderts und auch in der Zeit zwischen den Weltkriegen gab es in allen Kolonialstaaten Parlamente, in denen – mit Ausnahme Japans – teilweise erbittert über koloniale Belange gestritten wurde. Wahlentscheidend wurde die Kolonialfrage aber selten. Das galt auch für die sogenannte »Hottentottenwahl« zum deutschen Reichstag von 1907. Der Kolonialkrieg in Deutsch-Südwestafrika hatte die Auflösung des Reichstags und dessen Neuwahl zwar ausgelöst; letztlich waren jedoch andere nationale Fragen und Wahlabsprachen der bürgerlichen Parteien für den Ausgang entscheidender als die von SPD und Teilen des Zentrums vorgetragene Kolonialkritik (vgl. die Rede von August Bebel, Quelle 5). Insgesamt trugen diese Kolonialdebatten zu einer Nationalisierung der Politik vor dem Ersten Weltkrieg bei. Damit ist gemeint, dass Politiker, Journalisten und andere Vertreter der Öffentlichkeit die Kolonialpolitik als eine für die deutsche Nation zentrale Frage verteidigten. Denn in ihren Augen stand das Deutsche Reich in direkter Konkurrenz zu anderen Großmächten wie Frankreich, Großbritannien oder dem Zarenreich und benötigte die Kolonien, um auch in Zukunft die deutschen Interessen durchsetzen zu können. Die – berechtigte – Kritik an der Kolonialherrschaft oder an der militärischen Aufrüstung (die beide wesentlich zum Ausbruch des Ersten Weltkriegs beitrugen) wurde von ihnen als eine Schwächung der Nation zurückgewiesen. Diese Geisteshaltung (Nationalismus) war in allen europäischen Staaten verbreitet, durchweg rechtfertigten Nationalisten den Kolonialismus. Die Arbeiterbewegung, die sich ursprünglich als eine die Nationen übergreifende und den Nationalismus überwindende, internationale Bewegung verstand, kritisierte die koloniale Unterdrückung vergeblich (Quelle 5). Im August 1914 zeigte sich dann bei ihrer Zustimmung zu den Kriegskrediten, dass sich auch die SPD dem herrschenden Nationalismus nicht entziehen konnte.

Nur in Belgien wurden die skandalösen und verbrecherischen Zustände in der privaten königlichen Ausbeutungskolonie Kongo zu einem Kernthema der Politik. Durch öffentlichen und politischen Druck wurde König Leopold schließlich gezwungen, seine Kolonie dem belgischen Staat zu verkaufen.

Für eine aktive Kolonialpolitik ließen sich insgesamt weniger Menschen gewinnen, als sich imperialistische Propagandisten wie Cecil Rhodes (1853–1902) oder Carl Peters (1856–1918) erhofft hatten. Die wichtigste politische Pressure Group, die Deutsche Kolonialgesellschaft, die für eine koloniale Expansion eintrat, erreichte bis 1914 nicht mehr als 42 000 Mitglieder. Diese Zahl relativiert sich im Vergleich zu anderen nationalistischen Vereinigungen wie dem Deutschen Flottenverein mit mehr als einer Million Mitgliedern. Zusammen mit dem Alldeutschen Verband übte sie aber phasenweise einen beträchtlichen Einfluss auf die deutsche Außen- und Rüstungspolitik aus. Kolonialismus und Nationalismus gingen speziell im wilhelminischen Kaiserreich Hand in Hand. Insofern kann man im englisch-deutschen Flottenrüsten eine besonders wichtige Nebenwirkung der Kolonialpolitik sehen. Ohne eine starke Flotte seien die Kolonien nicht zu halten, lautete eine weitverbreitete Ansicht.

Das sah in den anderen Großmächten ähnlich aus: das republikanische Frankreich betrieb eine aggressive Kolonialpolitik in Afrika und später auch in Indochina (Vietnam, Kambodscha, Laos), vor allem, um den Verlust von Elsass-Lothringen nach dem deutsch-französischen Krieg von 1870/71 zu kompensieren (Quelle 3). Auch hier bezog sich die Kolonialkritik weniger auf die koloniale Expansion an sich, sondern vielmehr auf die Verwaltung der Kolonien. In Großbritannien war die Existenz eines Empires ebenfalls wenig umstritten, wurde in erster Linie die Administration oder die Kriegsführung in einzelnen Konflikten bemängelt. Koloniale Krisen, wie während des indischen Aufstands von 1857/58, der Affäre um den Gouverneur von Jamaika 1865 oder der Besetzung Ägyptens 1882, wurden zwar kritisch kommentiert und emotional diskutiert, erzeugten aber wie in den anderen Metropolen auch hier keine grundlegend kritische Einstellung bei der Bevölkerung. Die meisten Europäer standen dem Kolonialismus positiv oder indifferent gegenüber.

3.2 *Wirtschaft: Kolonialwaren und internationaler Handel*

Die wirtschaftliche Bedeutung der Kolonien für die Metropolen wandelte sich in den verschiedenen Phasen des Kolonialismus. Nicht immer waren es die Länder, die selbst Kolonien besaßen, die wirtschaftlich den größten Nutzen daraus zogen. Unterm Strich profitierten die Holländer viel stärker als die Spanier vom amerikanischen Silber. Das meiste floss zur Finanzierung von innereuropäischen Kriegen sehr schnell wieder aus Spanien ab. Wichtige Rüstungsgüter und Luxuswaren wurden importiert und stimulierten keineswegs eine Produktion innerhalb Spaniens. Die Niederlande als führende Handelsmacht der Frühen Neuzeit profitierten von diesem Konsum am meisten und hatten mit dem Silber endlich die nötigen Tauschmittel für den lukrativen Asienhandel zur Hand.

Das englische Beispiel belegt ebenfalls diese These: In der Frühen Neuzeit war England ein Stapelplatz für koloniale Waren, die von englischen Häfen aus in die übrigen Metropolen verteilt wurden. Die amerikanische Unabhängigkeit, die in politischer Hinsicht eine tiefe Zäsur in der Geschichte des britischen Empire darstellt, wirkte sich auf die nordatlantischen Wirtschaftsbeziehungen keineswegs so gravierend aus. Vielmehr verflochten sich die amerikanische und die englische Volkswirtschaft in den folgenden Jahrzehnten noch viel mehr.

Eine neue Qualität erhielten die Kolonien als Absatzmarkt, als die Briten dank der frühen Industrialisierung neue, billigere und qualitativ konkurrenzlose Produkte in großer Zahl herstellen konnten. In dieser Phase, als England gewissermaßen die »Werkbank der Welt« war, setzte man auf internationalen Freihandel. In der Textilproduktion war dies möglich geworden, nachdem die Briten die bis dahin überlegene indische Konkurrenz durch ihre koloniale Zollpolitik hatten ausschalten können. Nun forderten sie die Öffnung aller anderen Handelsplätze und setzten diese wie in den »Opiumkriegen« von 1839–42 und 1856–60 gegen China auch gewaltsam durch.

Es war weniger der eigene Kolonialbesitz, der für die europäischen Nationalökonomien wichtig war, sondern vielmehr die neuen Märkte und die Kolonialprodukte. Eigene und fremde Kolonien versorgten die europäische Industrie mit Rohstoffen (z. B. Naturfasern wie Baumwolle, Sisal oder Jute, Kupfer, Kautschuk) und Schmier- und Brennstoffen (Fette, Erdöl). Sie lieferten seltene, wertvolle oder exotische Waren (Diamanten, Pelze, Elfenbein), von denen einige sogar zu alltäglichen Konsumgütern wurden (Zucker, Gewürze, Tee, Kaffee, Kakao). Die kolonialen Arbeits- und Ausbeutungsbedingungen (Arbeitszwang, Plantagenarbeit, Sklaverei und Unterbezahlung) ermöglichten es, dass der Konsum einstiger Luxusgüter in den Metropolen erschwinglich und damit demokratisiert wurde. An die allgegenwärtigen Kolonialwarenläden erinnert in Deutschland noch der Name der Handelsgesellschaft »Edeka« – ursprünglich »E. d. K. – Einkaufsgemeinschaft der Kolonialwarenhändler im Halleschen Torbezirk zu Berlin«. Nun konnten sich auch die unteren Schichten in Europa exotische Konsumgüter leisten.

Der wirtschaftliche Nutzen eigener Kolonien für die Metropolen wurde in den politischen Debatten meist überschätzt. Der sozialdemokratische Politiker August Bebel traf bei einer Reichstagsdebatte einen wunden Punkt in der Argumentation der Kolonialpropagandisten. Bebel bilanzierte 1911: »unsere ganze Kolonialpolitik ist, vom Standpunkt des Finanzmannes aus betrachtet, ein ganz schlechtes Geschäft« (Reichstagsdebatte vom 5. Dezember 1911). Die Hoffnungen der Koloniallobby auf neue Absatzmärkte für die deutschen Industrieprodukte und auf umfangreiche Rohstoffimporte aus den eigenen Kolonien hatten sich nach 25 Jahren deutscher Kolonialherrschaft nicht erfüllt. Bebel hatte zweifellos recht. Aber gerade hier zeigt sich die Bedeutung einer neuen transnationalen Perspektive auf die Kolonialgeschichte: Sobald man diese für die Jahrzehnte vor dem Ersten Weltkrieg typische, rein nationale Sichtweise verlässt (die noch immer viele kolonialgeschichtliche Darstellungen prägt), stellt sich das Bild anders dar. Bebel bezifferte das Handelsvolumen mit den deutschen Kolonien in Afrika auf 98 Millionen Reichsmark. Doch schon die Importe aus anderen afrikanischen Kolonien waren um mehr als das Dreifache höher, die entsprechenden Exporte immerhin doppelt so groß. Die Ein- und Ausfuhrbilanzen aller wichtigen Kolonialmächte zeigen, dass der Handel mit den Kolonien fast nie ohne Konkurrenz erfolgte, dass europäische oder amerikanische Konkurrenten dort ebenfalls handelten oder investierten. Ohnehin waren in den Jahrzehnten vor dem Ersten Weltkrieg die Volkswirtschaften Europas sehr eng miteinander verflochten, das galt auch für den kolonialen Handel.

Aus Sicht eines deutschen Finanzpolitikers argumentierte Bebel richtig, denn für den Außenhandel war in dieser Periode des Freihandels kein Kolonialbesitz nötig. Ohnehin wurden die Kosten der Kolonialisierung den Steuerzahlern aufgebürdet und somit sozialisiert, während die Gewinne primär Kaufleuten und nur mittelbar den produzierenden Unternehmen oder Siedlern zugute kamen, also weitgehend privatisiert wurden.

3.3 *Umwelt: Neue Feldfrüchte und die Entlastung der heimischen Natur*

Die ökologischen Rückwirkungen des Kolonialismus auf die europäischen Metropolen werden meist unterschätzt und sind weniger bekannt als Debatten um die Kolonialpolitik oder wirtschaftliche Zusammenhänge. An erster Stelle sind hier die neuen Nutzpflanzen zu nennen, die mit dem *Columbian Exchange* (s. S. 52) den Weg nach Europa fanden. Die neuen Feldfrüchte veränderten Landwirtschaft und Speiseplan der Europäer. Von globalhistorisch herausragender Bedeutung waren dabei Kartoffeln und Mais. Kartoffeln verbesserten besonders die Nahrungsmittelversorgung, weil sich auf einem kleinen Stück Land genügend »Erdäpfel« anbauen ließen, um eine Familie zu ernähren. Das enorme Bevölkerungswachstum seit Mitte des 18. Jahrhunderts und das weitgehende Ausbleiben von klima- oder wetterbedingten Hungerkatastrophen sind wesentlich auf das neue Grundnahrungsmittel zurückzuführen. Im südlichen Europa hatte der Anbau von Mais ähnlich wichtige Folgen nicht nur als Nahrungsmittel, sondern weil sein Anbau die prekäre Futterversorgung des Viehs verbesserte, somit die Düngerproduktion steigerte und dadurch zusätzliche Anbauflächen für andere Feldfrüchte frei wurden. Aber auch Gartenbohnen, Tomaten und Kürbisse (z. B. Zucchini) bereicherten als Gartenfrüchte den Speiseplan. Durch den Import von Guano als Dünger erfuhr die Landwirtschaft einen zusätzlichen Produktivitätsschub (trotz der konkurrierenden Nutzung des »Chile-Salpeters« zur Sprengstoffherstellung), bis ab den 1870er Jahren die Kunstdünger diese Funktion übernahmen.

Nach dem Vorbild der kolonialen Forstverwaltung in Indien, wo deutsche Forstspezialisten die Schlagwaldwirtschaft mit Kahlschlag eingeführt hatten, kam es zu einer umfangreichen Wiederaufforstung in Schottland und dann auch im damals weitgehend entwaldeten England.

Die indirekten Effekte des Kolonialismus für die Ökosysteme in Europa sind sicherlich von größter Bedeutung, werden aber nur selten in diesen Zusammenhang gebracht. Denn durch die Importe von Agrar- und Forstprodukten wurden die Felder und Wälder massiv entlastet. Angesichts der kleinen und ausgehauenen englischen Wälder hätte die britische Navy ohne die Einführung fremder Hölzer nie die Weltmeere beherrschen können. Indem insbesondere Harthölzer (z. B. Teak) aus anderen Kontinenten verschifft wurden, konnte man die einheimischen Forste schonen und erste Naturschutzgebiete in England ausweisen. Früher intensiv genutzte Flächen in Europa wurden nun neu verfügbar, weil sie durch Anbauflächen in den Kolonien kompensiert wurden. In der Landwirtschaft wurde etwa der Flachsanbau zur Leinenproduktion durch die (in Sklavenarbeit gewonnene) billigere Baumwolle weitgehend verdrängt.

3.4 *Gesellschaft und Kultur: Kolonialismus in Wissenschaft und Alltagskultur*

Kolonialpolitische Debatten und neue Konsumgüter bildeten nur einen begrenzten Ausschnitt der gesellschaftlichen und kulturellen Rückwirkungen des Kolonialismus auf die Metropolen ab. Eliten- und Massenkultur setzten sich intensiv mit den zunächst noch fremden und exotischen Überseegebieten auseinander.

An den Universitäten entstanden neue Institute, an denen die Sprache und Kultur der Kolonialvölker erforscht und künftige Kolonialbeamte ausgebildet wurden. Neue Wissenschaftszweige und Fächer entstanden und etablierten sich. Die Völkerkunde, Geographie, Tropenmedizin, Orientwissenschaften und Rassenanthropologie erfuhren ihren Durchbruch. Und auch die bestehenden Fächer erweiterten ihre Forschungsgebiete erheblich, das galt für Botanik, Zoologie oder Geologie ebenso wie für Nationalökonomie (Volkswirtschaftslehre), Geschichte, Archäologie oder Religionswissenschaften.

Popularisiert wurden die neuen Kenntnisse beispielsweise durch geographische Gesellschaften, die Expeditionen förderten und später deren Berichte mit einem Kartenwerk publizierten. Zeitungen und die neu entstehenden Illustrierten – stets auf der Suche nach neuen, interessanten Themen – berichteten nun ausgiebig über verschiedenste exotische Gegenden und Kulturen. Nachdem das internationale Telegraphennetz die Kontinente mit Unterseekabeln verbunden hatte, gelangten bald detaillierte Nachrichten beispielsweise über die verschiedenen Kolonialkriege in die europäischen Medien. Wer Zeitungen aus den Jahren vor dem Ersten Weltkrieg aufschlägt, ist erstaunt, wie intensiv selbst in regionalen Organen etwa über den Boxeraufstand oder den Burenkrieg berichtet wurde, wie häufig sich aber auch Berichte und Reportagen aus den Kolonien finden. Die europäische Öffentlichkeit nahm intensiv Anteil an den Ereignissen in Übersee, in Frankreich und England noch etwas früher als im Deutschen Reich.

In der Werbung für Kolonialwaren wie Kaffee, Schokolade oder Kakao setzte man auf Darstellungen von dunkelhäutigen Menschen; der Wiener Kaffeeröster Julius Meinl oder die Berliner Sarotti-Schokolade warben mit einem »Mohren«. In den Anzeigenteilen der Zeitungen und auf den Reklamewänden waren koloniale Bilder allgegenwärtig.

Die koloniale Welt wurde aber auch in der Belletristik beschrieben oder als Kulisse für Fiktionen genutzt, vom Theater über Romane und von Jugendbüchern über Sachliteratur für Erwachsene reichte hier das Spektrum. Jules Verne und Pierre Loti, Rudyard Kipling und Joseph Conrad, Friedrich Gerstäcker und Karl May, die gerne koloniale Situationen schilderten, gehörten zu den meistgelesenen Autoren ihrer Zeit. Daneben befeuerten zahlreiche Feuilleton- und Fortsetzungsromane sowie vor allem in Deutschland die Groschenhefte das Interesse des Publikums.

In der bildenden Kunst hatte die Begegnung mit der tropischen Natur, mit der Malerei oder Plastik der sogenannten »primitiven« Völker wie auch mit den japanischen Farbholzschnitten nachhaltige Wirkungen auf europäische Künstler (Paul Gauguin, Pablo Picasso) und Kunsthistoriker (Carl Einstein).

Sogenannte »Völkerschauen« zeigten Gruppen außereuropäischer Menschen in ihrer »traditionellen« Tracht nicht nur in den urbanen Zentren, sondern auch in kleineren und mittleren Städten. Allein für das Deutsche Reich geht man von einer Zahl von mehr als 300 dieser »Völkerschauen« aus. In zoologischen und botanischen Gärten sammelten die Städte exotische Tiere und Pflanzen, ein »Negerdorf« mit »echten Negern« gehörte nicht nur zu Hagenbecks

Eine Gruppe südamerikanischer Galibi-Indios im Pariser Jardin d'Acclimatation (1893)

Tierpark in Hamburg, sondern fand sich in ähnlicher Form auch auf einem Münchner Oktoberfest. Und auch das entstehende Kino trug seinen Teil zur visuellen Vorstellung bei, die die Europäer sich von den Kolonien machten.

Besonders Jungen aus dem Bürgertum spielten häufig mit Zinnfiguren, mit denen sich auch die Kämpfe der Kolonialtruppen und ihrer Gegner nachspielen ließen. Für Mädchen waren bis in die 1950er Jahre die Golliwog-Puppen mit schwarzem Gesicht und schwarzen abstehenden Haaren besonders populär.

Auf das deutsche Vereinswesen hatte der Kolonialismus – abgesehen von der Kolonialgesellschaft – keinen besonderen Einfluss. Die stark wachsende Pfadfinderbewegung, die vom englischen General Robert Baden-Powell

Eine Gruppe von Sudanesen in Hagenbecks Tierpark
in Hamburg (1876)

zunächst in den Kolonien gegründet worden war, folgte zwar in ihrer Khaki-Uniform und Organisation dem britischen Vorbild, ließ sehr bald aber alle weiteren Bezüge zum Kolonialismus hinter sich.

In Kirchen und Schulen wurden Gelder für die Missionierung der Kolonien gesammelt. Eine Bewertung, auf welche Weise die Missionen in die Metropolen zurückwirkten, muss ambivalent ausfallen. Zum einen verfestigten die auch von den Missionsgesellschaften gezeichneten Bilder von den Kolonisierten die Überzeugung der Europäer von ihrer eigenen zivilisatorischen Überlegenheit und trugen gewollt oder ungewollt zur Legitimierung von Kolonialismus bei. Denn auch die Missionsbewegungen verbreiteten die Vorstellung von unmündigen, ungebildeten und teilweise hilflosen Kolonisierten, allerdings aus einer anderen Motivation heraus, nämlich diesem zum Seelenheil zu verhelfen. Zum anderen waren es aber auch die Missionare, die die schärfste Kritik an den kolonialen Maßnahmen äußerten und die oft engagiert für ihre Schützlinge Partei ergriffen. Die Missionare waren oft die einzige Lobby, die die Kolonisierten in den Metropolen auf ihrer Seite hatten.

Als Rechtssubjekte, also rechtlich voll handlungsfähige und mündige Personen, wurden die Kolonisierten so gut wie nie anerkannt. Selbst wenn sie mit Hilfe von Anwälten an deutschen Reichsgerichten Beschwerden oder Entschädigungsansprüche geltend machen wollten, wurde diese sofort abgewiesen. Die Reichsverfassung sollte in den Kolonien keine Gültigkeit haben.

Insgesamt war das koloniale Gedankengut sogar in jenen europäischen Ländern wirksam, die wie Österreich oder die Schweiz keine eigenen Kolonien besaßen. Überall verstärkte die Begegnung mit außereuropäischen Waren, Bildern und Menschen auf die eine oder andere Weise ein Überlegenheitsbewusstsein der Europäer.

Verstärkt wurde dies durch die ersten, naturwissenschaftlich argumentierenden Rassetheorien, die bald nach der Revolution von 1848/49 erschienen (Robert Knox, Quelle 1; Arthur Gobineau, Ernest Renan). Deshalb und in Übertragung von Darwins Evolutionstheorie auf gesellschaftliche Verhältnisse (Sozialdarwinismus) konnte die aggressive Kolonialpolitik der zweiten Jahrhunderthälfte nun quasi naturwissenschaftlich begründet werden. Dieser Rassismus war auch immer politisch wirksam. In ihrer

Welt und in dieser Wahrnehmung konnten es die Menschen aus anderen Kulturen nicht mit Europa aufnehmen. Insofern ebneten das koloniale Gedankengut und das damit verbundene visuelle Gedächtnis auch einem alltäglichen Rassismus den Weg, der Widerstände gegen rassenbiologische Denkmuster verhinderte oder abschwächte. In der Zunahme des Rassismus lag wohl die entscheidendste Rückwirkung des Kolonialismus auf die Metropolen (Quelle 18).

4 Das Ende des Kolonialismus?

4.1 Dekolonisierung

Der Begriff »Dekolonisierung« ist neuer als das Phänomen selbst, die politische Unabhängigkeit neuer Staaten von den vormaligen Kolonialherren. Die erste Entkolonisierungswelle setzte bereits mit der amerikanischen Revolution ab 1775 ein; noch vor der Jahrhundertwende erlangten auch Haiti von Frankreich und bis 1824 die meisten lateinamerikanischen Staaten von Spanien ihre Unabhängigkeit. Die »Mutterländer« wehrten sich gegen diesen Machtverlust, so dass die Unabhängigkeit in mehreren Kriegen erkämpft werden musste.

Eine zweite Welle folgte ab 1867, als die kanadische Konföderation aus vier britischen Kolonien die Selbstverwaltung erhielt, aber weiterhin dem britischen Empire angehörte. Einen vergleichbaren *Dominion*-Status gewährte man 1907 auch Australien und Neuseeland und der Südafrikanischen Union 1910. Diese Form der Eigenregierung gestanden die Briten bezeichnenderweise nur Siedlungskolonien mit hohem europäischem Bevölkerungsanteil zu. Für Indien wurde ein ähnlicher Status zwar diskutiert, aber nie umgesetzt (Quelle 20).

Die dritte und bedeutendste Dekolonisierungswelle folgte auf den Zweiten Weltkrieg und ist bis heute nicht völlig abgeschlossen. Noch immer gibt es europäische oder US-amerikanische Territorien in Übersee, dazu gehören etwa Französisch-Guyana, die britischen Falklandinseln oder Guam im Pazifik. Die ehemaligen deutschen Kolonien waren nach dem Versailler Vertrag auch nicht unabhängig geworden, sondern gelangten nur als sogenannte »Mandatsgebiete« unter die Kontrolle anderer Kolonialmächte bzw. Südafrikas.

Während des Zweiten Weltkriegs hatten die Europäer in ihren Kolonien Soldaten rekrutiert, die auf den verschiedenen Kriegsschauplätzen für die politische Freiheit ihrer Kolonialherren kämpften (Quelle 16). Gleichzeitig griffen diese verstärkt auf die kolonialen Ressourcen zurück, vor allem auf Öl, Kautschuk, Getreide, kriegswichtige Erze, aber auch die Goldreserven. Im Gegenzug kamen die Europäer kaum umhin, den entstandenen Unabhängigkeitsbewegungen politische Versprechungen zu machen. Die in Aussicht gestellte politische Autonomie vom »Mutterland« wurde nach Kriegsende von den Europäern aber auf ungewisse Zeit verschoben. Nur selten beabsichtigten sie, den kolonisierten Afrikanern oder Asiaten die volle Unabhängigkeit zu gewähren.

Am gleichen Tag, als das Deutsche Reich bedingungslos kapitulierte, am 8. Mai 1945, kam es in Algerien zu antikolonialen Demonstrationen und gewaltsamen Unruhen. Französische Soldaten töteten in den folgenden Tagen bei

Vergeltungsaktionen mehrere tausend Algerier (»Massaker von Sétif«). Der wenige Jahre später beginnende Algerienkrieg (1954–62) war einer der längsten und blutigsten Dekolonisierungskriege. Ähnlich brutal – mit Zehntausenden Todesopfern – behauptete Frankreich auch auf Madagaskar oder in Vietnam seine Kolonialherrschaft noch einige Jahre. Kaum weniger uneinsichtig zeigten sich die Niederlande, die ihren Anspruch, als mittlere Großmacht aufzutreten, von ihrer kolonialen Kontrolle über das heutige Indonesien abhängig machten. Erst nach einem vierjährigen Guerillakrieg (1945–49) waren sie bereit, die Unabhängigkeit einer indonesischen Republik anzuerkennen.

Fast überall sahen sich die Kolonialverwaltungen mit immer stärker werdenden oppositionellen Bewegungen konfrontiert, die unüberhörbar das Ende der Fremdherrschaft forderten (Quelle 22 und 23). Nicht immer mussten die Freiheitskämpfer diese mit Waffengewalt durchsetzen. Das wichtigste Vorbild für eine vertragliche Vereinbarung lieferte das bevölkerungsreiche Indien 1947.

In den meisten Kolonien forderten nationale Bewegungen immer lauter ihre politische Freiheit. Indigene Eliten, die zuvor mit den Europäern zusammengearbeitet hatten und in Missionsschulen ausgebildet worden waren, sahen nun ihre Zukunft eher in unabhängigen Staaten und wurden oft zu führenden Persönlichkeiten in diesen Bewegungen. Und auch in den Metropolen setzte zunehmend die Erkenntnis ein, dass sich eine Herrschaft gegen die Bevölkerung auf Dauer nur sehr mühsam durchsetzen ließe und dies nur zu einem sehr hohen Preis. Volkswirtschaftliche Überlegungen waren es, insbesondere die steigenden Kosten der Kolonien, die zu einem Sinneswandel etwa bei tonangebenden britischen Politikern führten. Ihre neue Sicht wurde wesentlich durch den blutigen Mau-Mau-Krieg 1952–56 in Kenia beeinflusst, in dessen Folge mehr als hunderttausend Menschen in Lagern zwangsinterniert wurden.

Eine besondere Entwicklung nahm das ehemalige britische Mandatsgebiet Palästina (einst Teil des Osmanischen Reiches). Seit den 1880er Jahren waren Juden vor dem europäischen Antisemitismus dorthin geflüchtet. Diesen Siedlern hatte der britische Außenminister Balfour 1917 die »Errichtung einer nationalen Heimstätte« in Aussicht gestellt. Als die britische Regierung aber auch nach 1945 keine Schritte in diese Richtung unternahm, begann die durch Flüchtlinge vor der nationalsozialistischen Rassenpolitik und Überlebende des Holocaust erneut angewachsene jüdische Bevölkerung einen Guerillakrieg gegen die Briten. Durch einen Beschluss der UNO wurde die Gründung des Staates Israel 1948 ermöglicht, der aber sofort von den nun ebenfalls unabhängigen arabischen Staaten angegriffen wurde. Seitdem dauern militärische Auseinandersetzungen und terroristische Aktionen im Nahen Osten an. Israel sieht sich wiederum nach der Eroberung des Westjordanlands 1967 selbst dem Vorwurf ausgesetzt, dort eine Art kolonialer Herrschaft über die Palästinenser auszuüben.

Länger als die Briten hofften die Franzosen, dass sie die Abspaltung ihrer Kolonien durch entsprechende politische und wirtschaftliche Reformen noch verhindern könnten. Nachdem zuvor bereits die nordafrikanischen Staaten Tunesien, Libyen und Marokko unabhängig geworden waren, folgte 1957 die britische Gold Coast, die sich unter dem charismatischen Führer und ersten Staatspräsidenten Kwame Nkrumah als neuer Staat Ghana unabhängig machte. Das sogenannte »Afrika-Jahr« 1960 bedeutete einen Höhepunkt der Dekolonisierung, als gleich zwanzig afrikanische Staaten ihre politische Freiheit erlangten, darunter siebzehn vormals französische Kolonien. Die europäischen Regierungen hatten schließlich eingestehen müssen, dass sie sich dem Druck und der Dynamik der nationalen Bewegungen in Afrika nicht länger entgegenstellen konnten. Mit einigen Ausnahmen – wie den portugiesischen Kolonien Angola und Mosambique oder dem südafrikanisch verwalteten Namibia – war bis Mitte der 1970er Jahre fast der gesamte afrikanische Kontinent dekolonisiert.

Auch in Asien verlief der Dekolonisierungsprozess relativ schnell: Noch vor den neuen Staaten Indien, Pakistan und Burma (das heutige Myanmar) wurden die Philippinen auf friedliche Weise unabhängig, ganz anders als etwa Indonesien und die französischen Kolonien in Indochina. Die unter fremder Kontrolle stehenden Gebiete Chinas gelangten teilweise bereits in den 1920er Jahren wieder an die chinesische Republik, Hong Kong und Macau jedoch erst 1997 bzw. 1999 (Quelle 19).

Neben endogenen Faktoren, die zum Entstehen von nationalen Unabhängigkeitsbewegungen geführt hatten, ermöglichten erst exogene Faktoren wie der Zweite Weltkrieg die Durchsetzung dieses Ziels. Die internationalen Beziehungen und der Kontext des Kalten Krieges spielten dabei eine besonders wichtige Rolle. Das »Selbstbestimmungsrecht der Völker«, zunächst in den berühmten 14 Punkten von US-Präsident Woodrow Wilson (Quelle 15) und dann in der Gründungs-Charta der Vereinten Nationen, wurde zu einer wichtigen Legitimationsformel für die Dekolonisierung. In ihrer Resolution Nr. 1514 von 1960 (Quelle 22) ging die UNO noch einen Schritt weiter und verkündete die »Notwendigkeit, dem Kolonialismus in allen seinen Erscheinungsformen rasch und bedingungslos ein Ende zu machen«. Die »Unterwerfung von Völkern unter fremde Unterjochung, Herrschaft und Ausbeutung« stelle eine Verweigerung grundlegender Menschenrechte dar.

Viele Unabhängigkeitsbewegungen machten sich die Konkurrenz der Supermächte Sowjetunion und USA zunutze, um etwa von den Staaten des Warschauer Pakts oder vom kommunistischen China (bzw. in Umkehrung dessen aus dem Westen) Waffen und andere Unterstützungen zu beziehen. Diese spekulierten darauf, dass man so das westliche (bzw. sozialistische) Lager schwächen und die neuen unabhängigen Staaten einbinden könne. Der harte Widerstand der Franzosen insbesondere gegen kommunistische oder sozialistische Freiheitsbewegungen lässt sich vor dem Hintergrund des Kalten Krieges eher nachvollziehen. Aber auch das Niederschlagen von kommunistischen Aufständen und das Bündnis mit gemäßigten Nationalisten führten schließlich in die Unabhängigkeit von Kolonien, wie etwa im Fall des ehemals britischen Malayas (heutiges Malaysia). Ohne den Kalten Krieg als gesamtpolitischen Hintergrund zu berücksichtigen, lässt sich der Verlauf der Dekolonisierung in Asien und Afrika nicht verstehen.

Das gilt auch für Vietnam, das nach dem Sieg der Unabhängigkeitsbewegung »Vietminh« über die Franzosen 1954 in ein kommunistisch regiertes Nord- und ein von den USA gestütztes Südvietnam geteilt worden war. Obwohl die beiden vietnamesischen Staaten damit formal gesehen unabhängig waren, setzte sich der Konflikt als Bürgerkrieg innerhalb von Südvietnam fort. Dieser Konflikt eskalierte schließlich zu einem umfassenderen Krieg, in dem das von den USA unterstützte diktatorische Regime gegen die »Nationale Befreiungsfront« (NLF, »Vietcong«) und Nordvietnam vorging, die ihrerseits Hilfe von der Sowjetunion und China empfingen. Die USA beteiligten sich schließlich selbst mit Bodentruppen und Luftangriffen zugunsten des Südens. Auch wenn Kriegsgegner und die sozialistische Propaganda das amerikanische Eingreifen als »US-Imperialismus« brandmarkten, ging es im Vietnamkrieg, der bis 1975 Hunderttausende Opfer unter den vietnamesischen Zivilisten forderte, nicht mehr um die nationale Unabhängigkeit einer Kolonie, sondern um einen Stellvertreterkrieg der Supermächte. Anders als etwa in den späteren Golfkriegen ging es den USA hier nicht um die Kontrolle wichtiger Ölressourcen oder um die Ausdehnung ihres Herrschaftsbereichs, sondern darum, die gewaltsame Ausbreitung kommunistischer Regimes zu stoppen.

4.2 *Das Erbe des Kolonialismus*

Für die einstigen Metropolen war das koloniale Erbe sicherlich weniger belastend als für die ehemaligen Kolonien. Politisch musste schmerzhaft ein internationaler Bedeutungsverlust verarbeitet werden, der vielfach auf eine Außen- und Verteidigungspolitik hinauslief, die die eigene globale Bedeutung weit überschätzte. Das gilt insbesondere für das politische Selbstverständnis in Großbritannien und Frankreich, die bis zur Gegenwart bei Konflikten in ehemaligen Kolonien auch militärisch intervenieren. Auch die Deutschen fanden sich nach dem Versailler Vertrag nur schwer mit dem Verlust ihrer Kolonien ab. In dessen Folge kam es zu einem eher nostalgisch als politisch relevanten Kolonialrevisionismus. Die Deutsche Kolonialgesellschaft organisierte weiter Kolonialausstellungen, und ihre prominenten Vertreter, wie ihr Vizepräsident und Kölner Oberbürgermeister Konrad Adenauer, forderten etwa noch 1927: »Das Deutsche Reich muss unbedingt den Erwerb von Kolonien anstreben. Im Reiche selbst ist zu wenig Raum für die große Bevölkerung.« Hier und in vielen anderen Quellen der 1920er Jahre wird deutlich, wie eng der Verlust von Kolonien mit der Forderung nach »Lebensraum« für das deutsche Volk verbunden wurde. Diese Verbindung von Kolonialrevisionismus und der von den Nationalsozialisten aufgenommenen Lebensraumideologie war ein besonders verheerendes koloniales Erbe für die Deutschen, noch mehr aber für die von ihnen angegriffenen Nachbarn in Osteuropa.

Das koloniale Gedankengut ist in den ehemaligen Metropolen noch erstaunlich präsent. Vorstellungen von einer zivilisatorischen Überlegenheit prägen vielfach noch die Entwicklungspolitik (heute offiziell »Entwicklungszusammenarbeit«) und humanitäre Hilfsprojekte. Auch sprachlich machen sich koloniale Stereotype bemerkbar, wenn unreflektiert von »Bananenrepubliken«, »Buschmännern«, »Häuptlingen«, »Mischlingen« oder »Negern« die Rede ist – oft sogar ohne eine wertende Absicht. Ähnliches gilt sogar für die Darstellung von hilfsbedürftigen Menschen, wenn Gelder gegen Hunger und Krankheit oder für (Hilfs-) Missionen gesammelt werden. Meist werden sie in einer Szenerie primitiver Lebensumstände präsentiert, die aber ungewollt die Vorstellungen von einer Überlegenheit der westlichen Zivilisation bestätigt und daraus eine moralische Verpflichtung zur Hilfe wecken will. Auch europäische Film- und Fernsehproduktionen, die in einer afrikanischen Kulisse spielen, reproduzieren serienmäßig derartige Klischees.

Die historische Aufarbeitung der kolonialen Vergangenheit verläuft in den meisten Metropolen bis heute äußerst kontrovers, in einigen Ländern werden die kolonialen Skandale noch immer massiv verdrängt (siehe Kap. 2 »Kontroversen«).

In wirtschaftlicher Hinsicht behielten die Metropolen lange einen privilegierten Zugriff auf die Rohstoffressourcen in Übersee. Noch immer bestimmen die Handelszentren des Nordens die Preise der globalen Güter, die im globalen Süden produziert und gewonnen werden – mit wenigen Ausnahmen, insbesondere des Rohöls.

In den ehemaligen Kolonien ist das koloniale Erbe noch überall gegenwärtig, obwohl die Fremdherrschaft in vielen Fällen bereits länger zurückliegt, als sie de facto dauerte. Das gilt keineswegs nur in Bezug auf die architektonischen Hinterlassenschaften. Im Bereich der Politik sind aus den Kolonien unabhängige Staaten geworden, deren heterogene ethnisch-kulturelle Zusammensetzung politische Einigung oft sehr erschwert. Ethnische Zugehörigkeit – die vor dem Kolonialismus wenig normative Wirkung besaß – wurde zu einer wichtigen politischen Wählerressource. In vielen Staaten ist es nicht gelungen, eine stabile und funktionierende Demokratie einzuführen. In der Regel dominiert nur eine Partei, meist aus ehemaligen Freiheitsbewegungen hervorgegangen. Einmal an der Regierung entwickelten sich einige Staatspräsidenten von einem mit großer Hoffnung versehenen antikolonialen Freiheitskämpfer zu unnachgiebigen Diktatoren wie etwa der Algerier Houari Boumedienne oder der Indonesier Sukarno, aber auch Mobuto (Zaire) oder Robert Mugabe (Zimbabwe). Die meisten der sogenannten *failed states* (»gescheiterte Staaten«) sind ehemalige Kolonien, so dass dieses Scheitern der Staatsgewalt gelegentlich auf die geerbten kolonialen Strukturen zurückgeführt wird.

Dabei wird oft übersehen, dass es die neuen Machthaber selbst waren, denen die eigenen Interessen und diejenigen ihrer politischen Klientel wichtiger waren als die demokratische und wirtschaftliche Entwicklung. Weil sie sich von stabilen Diktaturen in Afrika, Asien oder Lateinamerika eine wirksame Unterstützung im Kalten Krieg versprachen und diese außerdem zuverlässig die benötigten Rohstoffe lieferten, waren die Länder des Westens jederzeit kooperationswillig. Dafür waren sie bereit, über die allgegenwärtige Korruption der Eliten und die Unterdrückung oppositioneller Bewegungen hinwegzusehen. An den für die ehemaligen Kolonien so ungünstigen Rahmenbedingungen für Politik und Wirtschaft wurde selten etwas geändert.

In den postkolonialen Gesellschaften sind die Auswirkungen der europäischen Beherrschung bis heute stark wirksam. Das gilt nicht nur für die politische Verfassung und das Rechtssystem. Die europäischen Sprachen sind offizielle Amtssprachen und werden im Alltag aus praktischen Gründen verwendet, weil damit eine *lingua franca* zur Verfügung steht, deren sich die verschiedenen Sprachgruppen zur überregionalen Verständigung bedienen. Auch das Bildungssystem eines gestuften Schulwesens mit Universitäten folgt westlichen Vorbildern. Die christlichen Missionen haben nicht nur hier ihre Spuren hinterlassen, sondern auch zur Ausbreitung des Christentums beigetragen, auch wenn afrikanische oder asiatische Christen ihre eigenen, den europäischen Klerikern manchmal eigenmächtig anmutenden Praktiken in ihre Religion einfließen lassen. Die historische Forschung ist sich heute weitgehend darin einig, dass der Kolonialismus nicht nur den Effekt einer »Entwurzelung« von der einheimischen Tradition zur Folge hatte, sondern wesentlich zur Herausbildung von neuen hybriden (gemischten, gekreuzten) Identitäten und Kulturen beigetragen hat.

Diese Hybridität und Ambivalenz gegenüber dem kolonialen Erbe kennzeichnet auch die Beziehungen zu ihren ehemaligen Kolonialherren, die in aller Regel politisch, wirtschaftlich und kulturell heute enger sind, als man sich das zum Zeitpunkt der Unabhängigkeit vorstellen konnte. Die ungleichgewichtige Verteilung von Macht und Wohlstand zwischen den ehemaligen Metropolen und ihren einstigen Kolonien hat sich erhalten. Doch als Investoren, als Rüstungslieferanten, als Entwicklungshelfer und auch als Kunden sind die ehemaligen Kolonialherren in den neuen Staaten noch sehr präsent. Für Migranten aus ehemaligen Kolonien bilden die einstigen Metropolen das attraktivste Wanderungsziel. Trotz gelegentlicher Anfeindungen von Rassisten sind sie heute ein fester Bestandteil der postkolonialen Gesellschaften Europas.

II Kontroversen

Bereits von Zeitgenossen wurden der Kolonialismus und seine Praktiken kritisiert; bis in die Gegenwart kommt es darüber zu kontroversen Debatten auch in der Forschung. In einer älteren Debatte ging es dabei um die Ursachen des modernen Kolonialismus (1), neuere wissenschaftliche und öffentliche Auseinandersetzungen befassen sich etwa mit dem Verhältnis von Modernisierung und Kolonialismus (2) oder fragen nach einer Kontinuitätslinie vom deutschen Genozid an den Herero zum Holocaust (3). In vielen ehemaligen Metropolen drehen sich geschichtskulturelle Debatten um den angemessenen Umgang mit dem kolonialen Erbe und seiner Erinnerung (4). Von weitreichender Bedeutung ist die von Vertretern der *Postcolonial Studies* geäußerte Kritik an der These vom Ende des Kolonialismus und am Fortbestehen kolonialer Denkmuster auch in der Wissenschaft (5).

1 Ursachen des Kolonialismus: Höchste Stufe des Kapitalismus oder Sozialimperialismus?

In Bezug auf die Ursachen des modernen Kolonialismus im letzten Drittel des 19. Jahrhunderts standen sich zwei Lager gegenüber. Das eine Lager erklärte die Expansion aus kapitalistischen Wirtschaftskrisen, während das andere politische und kulturelle Ursachen betonte.

Seine Ablehnung des Burenkriegs veranlasste den englischen Liberalen John A. Hobson zu einer umfassenden Kritik des britischen Imperialismus (*Imperialism – A Study*,

1902). Wegen niedriger Löhne hätte es den arbeitenden Massen in England an Kaufkraft gefehlt, um die industriellen Produkte zu erwerben. Die durch den Unterkonsum verursachte Wirtschaftskrise habe man durch den Erwerb von Kolonien und Einflusszonen lösen wollen, um hier neue Absatzmärkte für die Überproduktion zu schaffen, noch günstigere Arbeitskräfte zu finden und neue Rohstoffquellen zu erschließen. Die imperialistische Politik erfolge primär im Interesse des Kapitals und führe zu Kriegen mit konkurrierenden Nationen.

Marxistische Theoretiker griffen diese Verbindung von Kapitalismus und Imperialismus auf und integrierten sie in ihr teleologisches Geschichtsbild. Rosa Luxemburg etwa gelangte zu dem Schluss, dass eine weitere Kapitalakkumulation nicht mehr möglich sei. Deshalb gebe es eine »objektive geschichtliche Notwendigkeit des Untergangs des Kapitalismus« (*Die Akkumulation des Kapitals*, 1913). Auch Lenin deutete den Prozess ähnlich. In seiner Schrift *Der Imperialismus als höchste Stufe des Kapitalismus* (1916) sah er eine kommende Revolution voraus. Weil sich in den Zentren des Kolonialismus eine Arbeiteraristokratie gebildet habe, die vom Kolonialismus profitiert habe, könnte die proletarische Revolution nur von weniger industrialisierten Ländern ausgehen, die von der imperialistischen Konkurrenz überfordert seien. Das schwächste Glied unter den imperialistischen Ländern sei Russland.

Bezeichnenderweise war es ein Ökonom, der die kausale Verbindung von Kapitalismus und Kolonialismus bezweifelte. Joseph Schumpeter (*Zur Soziologie der Imperialismen*, 1919) sah nicht im aggressiven Banken- und Industriekapital die Hauptursache, sondern vielmehr in einem im

Kolonialmächte

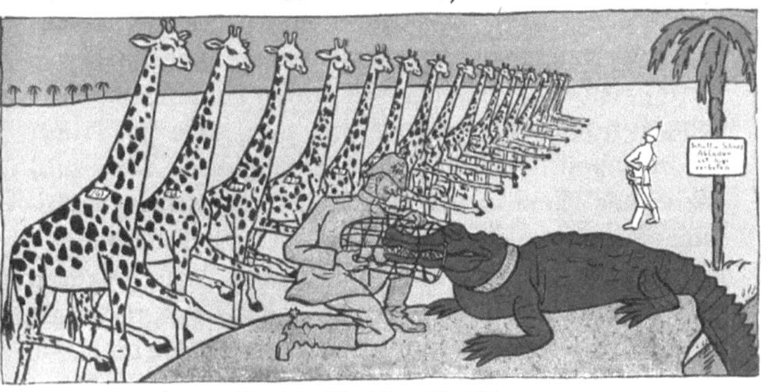

So kolonisiert der Deutsche,

So kolonisiert der Engländer

Zwei Karikaturen aus der satirischen Zeitschrift *Simplicissimus* (9. Jg., Nr. 6, 3. Mai 1904)

Grunde irrationalen und innenpolitisch begründeten Chauvinismus der Oberschichten. An diese Deutung knüpften später prominente Historiker der Bundesrepublik wieder an. Vor dem Hintergrund des Kalten Krieges und in deutlicher Absetzung von den marxistischen Interpretationen vertrat Hans-Ulrich Wehler in seinen Forschungen zum deutschen Kaiserreich (1969, 1970, 1973) stets den Primat der Innenpolitik gegenüber der Außenpolitik. Seine provozierende These lautete, dass es dem deutschen »Sozialimperialismus« nicht primär um eine kapitalistische Ausbeutung der Kolonien und abhängiger Gebiete gegangen sei, sondern die Expansion sei sozialpolitisch motiviert gewesen, um die sozioökonomischen Spannungen innerhalb Deutschlands und die Gefahr einer sozialistischen Revolution zu entschärfen. Anders sah das sein Zeitgenosse Wolfgang J. Mommsen. Er leugnete die kapitalistischen Interessen ebenfalls nicht, sah aber in einem übersteigerten Nationalismus das politische Hauptmotiv für den Kolonialerwerb.

Während jüngere Forschungen seit der Jahrtausendwende sich darum bemühen, ein brauchbares begriffliches Konzept für die Untersuchung von Imperien zu entwickeln (z. B. Herfried Münkler), hat sich die Debatte um die Ursachen der dritten Kolonisierungswelle inzwischen beruhigt. Historiker jeglicher politischer Couleur und praktisch weltweit führen sie auf ein Faktorenbündel politischer, wirtschaftlicher und kultureller Gründe zurück.

2 Kolonialismus als Modernisierung?

In einer noch nicht abgeschlossenen Debatte fragen Wissenschaftler, inwiefern die Fremdherrschaft auf die Kolonien modernisierend gewirkt habe. In Großbritannien wurde der Historiker Niall Ferguson scharf angegriffen, der die kritische Perspektive auf den Kolonialismus für eine Form der moralischen Selbstgeißelung (»*self-flagallation*«) hält. Obwohl es vor allem in der Frühphase zu Sklaverei und ethnischen Säuberungen gekommen sei, habe das britische Empire unzweifelhaft mehr zur Erschließung der wirtschaftlichen Ressourcen auf anderen Kontinenten beigetragen als jede andere denkbare Alternative (*Empire – How Britain Made the Modern World*, 2003). Eine ähnlich fragwürdige Ansicht vertrat in Deutschland zuletzt Egon Flaig in seiner *Weltgeschichte der Sklaverei* (2009). Der europäische Kolonialismus habe »Afrika nach einer tausendjährigen Geschichte von blutigster Gewalt und Völkermorden die Möglichkeit zu neuen Wegen eröffnet«. Denn er habe die gewaltsamen Versklavungsprozesse beendet, die Warlords unterdrückt und so die Lebensverhältnisse stabilisiert.

Solche Positionen sind auf mehrfache Weise fragwürdig, denn sie klammern zum einen die Perspektive der Kolonisierten aus, zum anderen betonen sie den Nutzen des Kolonialismus gegenüber seinen unbestreitbaren negativen Auswirkungen und Folgen. Argumentativ stehen sie damit in großer Nähe zu den Kolonialpropagandisten und Apologeten des 19. Jahrhunderts, die die Expansion als »Zivilisierungsmission« verteidigten.

Daneben wird eine koloniale Modernisierung auch deshalb heute kontrovers diskutiert, weil der Begriff der »Moderne« in den Geistes- und Sozialwissenschaften seit den späten 1980er Jahren wegen seines normativen Gehalts als einer primär positiven, fortschrittlichen Entwicklung von vielen Forschern abgelehnt oder vermieden wird. Insbesondere Historiker und Ethnologen wehren sich dagegen, dass Menschen, die alternative Ausrichtungen bevorzugten und deren Handeln nicht dem üblichen Modernisierungsmodell entsprach, schnell das negative Attribut »traditionell« (im Sinne von rückständig und rückwärtsgewandt) angeheftet bekommen. Außerdem werde damit ein eindimensionales, rein westeuropäisches Entwicklungsmodell zum alleinigen Bewertungsmaßstab erhoben (vgl. Quelle 23).

Der soziologische Begriff »Modernisierung« beschreibt einen sozialen Wandel von einer an Traditionen ausgerichteten Gesellschaftsform hin zu einer Industriegesellschaft. Ausgehend von der historischen Entwicklung der westeuropäischen Staaten wurde die Annahme vertreten, dass eine erfolgreiche Industrialisierung auch eine Demokratisierung der Gesellschaft nach sich zöge. Im Kalten Krieg war das ein attraktiver Gegenentwurf zum marxistischen Geschichtsbild, so dass damit auch eine aktive Entwicklungspolitik des Westens begründet werden konnte.

In diesen Kontroversen fließen zeitgenössischer Begriffsgebrauch, spätere Bewertungen und verschiedene Theorien ineinander und erschweren die Übersicht. Im 19. Jahrhundert verstand man unter »Zivilisation« und »Modernität« noch weitgehend das gleiche: eine funktionierende, professionelle, arbeitsteilige und mehrstufige Verwaltung und Justiz, ein entsprechendes Bildungswesen, wissenschaftliche Institutionen mit nutzbaren technischen und medizinischen Fortschritten, eine effiziente industrielle Produktionsweise, eine ausgebaute Verkehrsinfrastruktur und die neuen Kommunikationsmittel – kurzum diejenigen Leistungen, auf die Europäer ihre weltweite Dominanz und ihren Wohlstand gründeten.

Wenn Europäer neue Eisenbahnlinien und Straßen, Telegraphenstationen oder Hafenanlagen als Modernisierung der Kolonien feierten, dann wurde übersehen, dass die Wirtschaft oder die Verkehrswege nur zu einem sehr kleinen Teil modernisiert wurden, nämlich zu jenem Teil, der den preiswerten Export von industriellen und agrarischen Rohstoffen förderte (vgl. Quelle 21). Eine Industrialisierung der Kolonien und der Aufbau einer potentiell konkurrenzfähigen Wirtschaft wurden keineswegs beabsichtigt, sondern in vielen Fällen sogar aktiv erschwert (z. B. indische Produktion von Baumwolltextilien).

Hier setzten die Dependenztheorie (André Gunder Frank) und die Weltsystemtheorie Immanuel Wallersteins an. Sie kritisierten, dass den Ländern des Südens auf diese Weise eine dauerhaft nachteilige Stellung in der globalen Wirtschaft zugewiesen werde. Auch der führende Afrikahistoriker Frederick Cooper betonte, dass die Modernisierung in vielen Fällen mehr Wunsch als Realität gewesen sei. Aufgrund dieser einseitigen wirtschaftlichen Binnenstruktur sei der koloniale Ausbeutungsprozess auch nach der Dekolonisierung von den einheimischen autokratischen Eliten fortgesetzt worden.

Umgekehrt wurde »Modernisierung« aber auch von Eliten als Chance begriffen, um schnell mit den (ehemaligen) Kolonialmächten politisch und wirtschaftlich gleichzuziehen. Postkoloniale Staaten wie Malaysia, Taiwan, Indien oder Brasilien orientierten sich in ihren Entwicklungsprogrammen tatsächlich am Vorbild der westlichen Industrieländer – ganz im Sinne der Modernisierungstheorie der 1950er Jahre. Besonders erfolgreich geschah dies in den asiatischen Staaten Japan, Südkorea und China, deren Beispiele aber auch Beleg dafür sind, dass eine solche Modernisierung keineswegs kausal mit kolonialer Herrschaft verbunden war.

Wenn von »Modernisierung« die Rede ist, muss man also zwischen einem Quellenterminus, einem deskriptiven Begriff und einer umfassenden Deutungsschablone genau unterscheiden. Um dieses Problem zu umgehen, hat der israelische Soziologe Shmuel N. Eisenstadt von *Multiple Modernities* (2007) gesprochen. Der Begriff lässt sich nicht ohne weiteres ins Deutsche übersetzen, am ehesten könnte man hier von einer »Pluralität« oder »Vielfalt der Moderne« sprechen. Auf diese Weise lässt sich nach Ansicht vieler Wissenschaftler der normative Gehalt des Modernisierungskonzepts überwinden.

3 Vom Kolonialismus zum Nationalsozialismus – Vom kolonialen Genozid zum Holocaust?

Umstritten ist unter Historikern nicht mehr die Frage, ob es sich beim Vernichtungsbefehl Lothar von Trothas (Quelle 9) um einen Befehl zum Genozid gehandelt habe und auch nicht um die hohen Opferzahlen, beides gilt als bewiesen. In den letzten Jahren haben mehrere Historiker auf mögliche Kontinuitäten vom kolonialen Genozid in Deutsch-Südwestafrika zum Holocaust verwiesen (Jürgen

Zimmerer, Benjamin Medley). Als Hauptargumente führten sie zum ersten personelle Kontinuitäten an (von Trotha, Ritter von Epp als späterer Leiter des Reichskolonialamtes und Verantwortlicher für die Deportation der bayerischen Juden, der Rassenanthropologe Eugen Fischer als Lehrer des Auschwitz-Arztes Josef Mengele). Zweitens bestünden erhebliche Parallelen; auch in Südwestafrika seien zunächst die künftigen Opfer rassistisch diskriminiert worden, sei es um Land für deutsche Siedler gegangen und habe man das militärische Ziel als aktive Vernichtung einer als »minderwertig« betrachteten Rasse definiert. Dieses Vorgehen habe einen »ultimativen Tabubruch« bedeutet (Zimmerer).

Dieser Deutung widersprachen andere Historikerinnen und Historiker (Birthe Kundrus, Gesine Krüger). Angesichts des sehr fortgeschrittenen Alters der Akteure zum Zeitpunkt des Zweiten Weltkriegs sei die personelle Kontinuität wenig plausibel. Außerdem sei der deutsche Genozid an den Herero keineswegs so singulär, wie es die Kontinuitätsthese behaupte. Wenn man ihn mit anderen Kolonialkriegen in Afrika oder auf den Philippinen vergleiche, könne das Verbrechen der Deutschen in Südwestafrika nicht als einzigartig charakterisiert werden (Susanne Kuß, Boris Barth). Sonst feiere die »Sonderwegsthese hier ihre koloniale Wiederauferstehung« (Robert Gerwarth / Stephan Malinowski). Ausgeblendet würden dann die Bedeutung des Ersten Weltkriegs als weitaus prägendere Gewalterfahrung sowie die Unterschiede zwischen der Vernichtung der Herero und jener der Juden. Während man die Juden explizit ausrotten wollte, benötigte man insbesondere in Afrika dringend Arbeitskräfte. Als anregend für weitere Forschungen zum nationalsozialistischen Vernichtungskrieg im Osten kann die koloniale Perspektive hingegen durchaus wirken, wenn etwa darüber nachgedacht wird, weshalb andere Staaten mit ähnlicher kolonialer Gewalterfahrung nicht ein vergleichbares Zerstörungspotential entfalteten wie das Deutsche Reich (Quelle 21).

4 Erinnerungskulturen: Wie soll mit dem kolonialen Erbe umgegangen werden?

In den ehemaligen Kolonialmächten kam es seit den 1980er Jahren zu erregten öffentlichen Diskussionen um den richtigen Umgang mit der eigenen Kolonialvergangenheit: In Belgien wurden die Greuel im Kongo thematisiert. In Deutschland kam es zu Debatten um die (inzwischen erfolgte) Rückgabe von medizinischen Schädelsammlungen etwa der Berliner Charité oder der Freiburger Universität, die im Hererokrieg zusammengetragen worden waren, und um die Notwendigkeit einer offiziellen staatlichen Entschuldigung für den Genozid. Kolonialdenkmäler in Bremen und Hamburg erfuhren eine Umwidmung als »antikoloniale Denkmäler«. Die Dauerausstellung zur deutschen Geschichte im Deutschen Historischen Museum in Berlin steht in der Kritik, weil sie den deutschen Kolonialismus weitgehend ausklammert. In Frankreich erhob sich 2005 ein Proteststurm von Historikern und Lehrern, als Präsident Sarkozy ein Gesetz durchsetzen wollte, wonach in den französischen Geschichtsbüchern auch die positive Rolle Frankreichs in den Kolonien stärker zu betonen sei. Hier und in den Niederlanden entbrannten Auseinandersetzungen um die Bewertung der blutigen Dekolonisierungskriege in Algerien bzw. Indonesien. Von einer geschichtskulturellen Bewältigung des Kolonialismus kann in den meisten ehemaligen Kolonialmächten noch nicht gesprochen werden – auch wenn Rassismus heute für die meisten Europäer ein gesellschaftliches Tabu darstellt.

Die Erinnerungskultur in den ehemaligen Kolonien ist in wissenschaftlicher Hinsicht noch nicht zufriedenstellend aufgearbeitet. Insbesondere für die ehemaligen Freiheitsbewegungen, die selbst oder in Form von Nachfolgeparteien in vielen Staaten heute noch an der Macht sind, spielt die Berufung auf die Befreiung von der Fremdherrschaft eine wichtige Rolle bei ihrer politischen Legitimierung. Sie erinnern aktiv an die Kolonialherrschaft, noch lieber aber an den »heldenhaften« Kampf gegen dieselbe. Bei politischen Verhandlungen mit Europäern wird ebenfalls gerne auf die Kolonialgeschichte verwiesen und diese instrumentalisiert, je nach politischem Kontext, um die Verbundenheit mit der Metropole zu betonen oder um an deren (Mit-)Verantwortung für politische und wirtschaftliche Probleme zu erinnern. Wie in den Metropolen ist aber auch in den ehemaligen Kolonien zwischen einem Diskurs in der Öffentlichkeit (Politik, Publizistik) und den wissenschaftlichen Debatten zu unterscheiden. Die Ausstattung der wissenschaftlichen Institutionen weist zwar große Unterschiede auf, nicht aber die Schärfe und Differenziertheit der Argumente. Die meisten post-kolonialen Historiker Afrikas, Lateinamerikas und Asiens zeichnen ein ähnlich differenziertes Bild der Kolonialgeschichte wie die Europäer oder Amerikaner.

5 Postkolonialismus: Kontinuitäten kolonialer Strukturen und kolonialen Denkens?

Fast alle Kolonialhistoriker stimmen darin überein, dass die Geschichte des Kolonialismus nicht mit der politischen Unabhängigkeit endete. Stattdessen beobachteten sie vielfach die Kontinuität politischer Strukturen und wirtschaftlicher Abhängigkeiten der ehemaligen Kolonien von den Metropolen (siehe Kap. 4 »Das Ende des Kolonialismus?«).

Seit den 1980er Jahren bildete sich weniger in der Geschichtswissenschaft, sondern stärker in den angelsächsischen *Cultural Studies* (Kulturwissenschaft) eine neue Forschungsrichtung heraus, die im kolonialen Denken einen wichtigeren Faktor des Kolonialismus sahen als etwa in der wirtschaftlichen Ausbeutung oder politischen Unterdrückung. Die sogenannten *Postcolonial Studies* (prominenteste Vertreter: Edward Said, Homi Bhabha, Gayatri Spivak, Dipesh Chakrabarty) kritisierten zunächst den Diskurs der Moderne (bzw. Zivilisation), weil dieser auf eurozentrischen Annahmen beruhe und deren Geltung universal voraussetze. Das schloss an gängige ältere Kolonialkritik an, doch es ging den Postkolonialisten um ein radikales Umdenken: Sie wollten die gängigen eurozentrischen Denkmuster nicht nur in Frage stellen, sondern ganz überwinden. Das europäische Denken ginge von einer grundlegenden, gegensätzlichen Beziehung zwischen Kolonisierten und Kolonisierenden aus – selbst dann noch, wenn der Kolonialismus kritisiert werde. Man betrachte die Beziehung zwischen Metropolen und Kolonien als eindimensional, weil man nämlich die verändernden Impulse stets als von Europäern ausgehend betrachte und die Kolonisierten stets auf eine reagierende Rolle reduziere. Stattdessen betonten Postkolonialisten die Wechselseitigkeit der historischen Entwicklungen; der Austausch wirkte auch auf die Gesellschaften der kolonisierenden Länder ein (siehe Kap. 3 »Rückwirkungen auf die Metropolen«). Die Entwicklung Europas könne deshalb auch nicht mehr aus sich selbst heraus verstanden werden (vgl. die Debatte zum Genozid an den Herero und Holocaust). Postkolonialisten stellten deshalb die Verflechtungen und die transkulturellen Identitäten (z. B. von Migranten oder Menschen in Diasporasituationen) in den Mittelpunkt ihrer Forschungen.

Ein neuer wichtiger Begriff war der der kulturellen »Hybridität« (Bhabha) als eines Raums zwischen den Kulturen, in dem keine eindeutige Hierarchie zwischen Kolonisiertem und Kolonisierendem mehr besteht. Daneben stellte Bhabha einen zweiten zentralen Begriff, »Mimikry«, mit dem er zeigen wollte, dass die Anpassungen an die Kolonialherren und deren Nachahmungen durch ein subtiles Unterlaufen der kolonialen Praktiken gekennzeichnet seien und deshalb immer auch ein widerständiges Element enthielten. Indien- und Afrikahistoriker (z. B. Benita Parry, F. Cooper) kritisierten diese ihrer Ansicht nach übermäßige Betonung der Kultur, weil dadurch die materiellen Realitäten und die Machtasymmetrien verschleiert würden. Auch marxistische Kolonialhistoriker wurden von der postkolonialistischen Kritik erfasst. Die indische Literaturwissenschaftlerin Gayatri Spivak zeigte, dass selbst das Anliegen, den Unterdrückten eine Stimme zu geben und sich mit ihnen zu solidarisieren, letztlich die Unterdrückung der Subalternen und diese Form kolonialer Ungleichheit reproduziert und damit weiter festigt (*Can the Subaltern*

Speak?, 1985). Weil damit im Grunde jede Form von Geschichtsschreibung eurozentrisch geprägt sei, entstand ein kompliziertes konzeptionelles und begriffliches Problem: Wie soll man dann noch Geschichte in einer europäischen Sprache schreiben können, ohne koloniale Denkmuster zu reproduzieren? Auf welche Begriffe kann man denn jetzt noch zurückgreifen? Diese Überlegungen haben zur Folge, dass die Geschichtswissenschaft sehr intensiv darüber nachdenkt, in welchem Sinne sie Begriffe und Konzepte verwendet, um nicht in ältere eurozentrische Deutungsmuster zurückzufallen. Von einer universell verwendbaren Begrifflichkeit europäischer Prägung kann heute niemand mehr a priori ausgehen, weil die Übertragbarkeit von Begrifflichkeiten auf andere Kontexte fragwürdig geworden ist. Damit entstehen ganz neue, spannende Debatten, die selbstverständliche und etablierte Begriffe auch der europäischen Geschichte betreffen: Kann man etwa indische, urbane und gebildete Mittelschichten muslimischen Glaubens als »Bürgertum« bezeichnen (Margit Pernau)?

III Quellen

1
»Die Unterlegenheit der dunklen Rassen« (Robert Knox, 1850)

Der englische Arzt Robert Knox (1791–1862) veröffentlichte 1850 eine viel gelesene und einflussreiche Rassenlehre.

Seit frühesten Zeiten also waren die dunklen Rassen Sklaven ihrer helleren Brüder. Woher kommt das? [...] Ich neige dazu, anzunehmen, dass es eine allgemeine physische und infolgedessen auch psychologische Unterlegenheit der dunklen Rassen geben muss. [...] Erstens, was die reine physische Kraft angeht, so sind die dunklen Rassen den Angelsachsen und Kelten unterlegen [...]. Zweitens scheint ihre Gehirngröße beträchtlich unter den eben genannten Rassen zu liegen. [...] Drittens unterscheidet sich die Form ihrer Schädel von der unseren, und der Kopf sitzt anders auf dem Genick. [...] Und nun zum Neger und dem Negerland – dem bisher unbetretenen und unbekannten Zentralafrika. Betrachten Sie den Neger, den Sie so gut kennen, und sagen Sie: Muss ich ihn beschreiben? Ist seine Gestalt wie die irgendeines Weißen? Die Anatomie seines Skeletts, seiner Muskeln oder Organe, ist sie wie die unsere? Geht er wie wir, denkt er wie wir, handelt er wie wir? Nicht im mindesten. [...] Die bisherige Geschichte des Negers, des Kaffers, des Hottentotten und des Buschmanns ist schlicht leer – [der erfolgreiche Aufstand gegen die Franzosen in] St. Domingo bildet nur eine Episode. Können die schwarzen Rassen sich zivilisieren? Ich würde sagen: nein;

ihre zukünftige Geschichte wird also der vergangenen ähneln. Die angelsächsische Rasse wird sie nie tolerieren – nie sich anverwandeln – nie in Frieden mit ihnen sein. Der schlimmste je durchgeführte Krieg – der blutigste von Napoleons Feldzügen – gleicht nicht dem, der gegenwärtig zwischen unsern Abkömmlingen in Amerika und den dunklen Rassen geführt wird; es ist ein Ausrottungskrieg, in dem auf jeder Fahne ein Totenkopf und ein »Ich gebe nicht auf« steht; der eine oder andere muss untergehen.

D: Robert Knox: The Races of Men: A Fragment. Philadelphia: Lea & Blanchard, 1850. S. 150 f., 161 f. [Übers.: Thomas Lange.]

2
»Bedarf Deutschland der Colonien?« (Friedrich Fabri, 1879)

Der Leiter der Rheinischen Mission in Barmen gründete den ersten deutschen Verein für koloniale Propaganda.

Doch indem wir die außerordentliche Bedeutung unserer deutschen Auswanderung nachdrücklich betonen, haben wir hier eigentlich die Folge besprochen, ohne zuvor die sie bewirkende Ursache beleuchtet zu haben. Diese aber liegt wesentlich in der *rapiden Zunahme der Bevölkerung Deutschlands.* [...]

Aber nehmen wir statt 80 nur gegen 65 Millionen für das Jahr 1900 an, so erweckt auch diese Wahrscheinlichkeit bedenkliche Aussichten. Denn selbst diese Annahme führt doch wohl mit unaufhaltbarer Folgerichtigkeit zu folgendem Prognostikon: steigende Einfuhr von Getreide und

Vieh, weil die deutsche landwirthschaftliche Produktion den eigenen Bedarf immer weniger zu decken vermag; infolgedessen steigende Theuerung der Lebensmittel und damit aller Preise dazu stetiges Herabsinken des Arbeitslohnes, wegen alljährlich sich vermehrenden Angebotes von Arbeitskräften; Schwächung der industriellen und gewerblichen Produktion wegen zunehmender Schwächung des National-Vermögens, d. h. zunehmender Unmöglichkeit zu sparen und infolgedessen auch sinkender Kaufkraft, oder mit einem Worte: *rapides Wachstum des Pauperismus und der socialen Noth.* Ist es zu viel gesagt, wenn wir behaupten: hier liegt die Grundwurzel unseres socialen Nothstandes, und alle Versuche zur sogenannten Lösung der socialen Frage, die nicht hier energisch einsetzen, müssen jeden genügenden Erfolges verfehlen? [...]

Unter den wirthschaftlichen Gründen, welche das Aufkommen und die rasche, mächtige Ausbreitung der *Social-Demokratie* bei uns reichlich gefördert haben, steht neben unserer ungesund schnell entwickelten Industrie mit ihrem Gefolge von Krisen, von Ueberproduktion und Arbeitslosigkeit die rasche Bevölkerungs-Zunahme (besonders in den Industrie-Bezirken) gewiß mit vorne an. [...] Sollte nun die Colonialfrage, resp. eine Organisation und Leitung der deutschen Auswanderung, nicht auch nach dieser Richtung bedeutungsvoll wirken können? Ja, müßte sie dies nicht thun? Ist unsere Social-Demokratie nicht das geworden, was sie ist, gerade in der Zeit, in welcher mit dem Beginn unserer wirthschaftlichen Krisis die vorhandene Ueberbevölkerung sich nachdrücklich fühlbar zu machen begann? Ich meine aber nicht bloß die Auswanderung, als eine Art Sicherheitsventil. Viel höher schätze ich zunächst den psychologischen Eindruck, den eine gut geleitete, in größerem Style ausgeführte und in ihren Erfolgen günstige Auswanderung auf die Einbildungskraft – deren große Bedeutung in allen Gebieten des Denkens und Strebens meist viel zu wenig erkannt wird – unseres Volkes bald in weiten Kreisen erwecken würde. Wenn auch wohl nicht bei den Grimmigen, so doch bei der Mehrzahl der mehr Irregeleiteten und wirklich sich gedrückt Fühlenden würde solche Auswanderung ein neues, nicht unerreichbares Hoffnungsbild erwecken, und schon damit wäre der um sich fressenden Unzufriedenheit eine Schranke gesetzt.

D: Friedrich Fabri: Bedarf Deutschland der Colonien? Eine politisch-ökonomische Betrachtung. Gotha: Perthes, 1879. S. 18, 20, 87, 89.

3
»Ausdehnung – das einzige Mittel zur Erhaltung« (Jules Ferry, 1882)

Der französische Ministerpräsident Jules Ferry (1832–1892) begründete 1882 seine Kolonialpolitik damit, dass die französische Republik zur Überwindung der Niederlage gegen Deutschland 1870/71 als gleichberechtigte europäische Macht eine über den Kontinent hinausreichende Außenpolitik betreiben müsse.

Kann es Frankreich gleichgültig sein, ob Ägypten, wo so viele französische Interessen auf dem Spiel stehen, unter der ökonomischen Schirmherrschaft und der Zivilisierungsaktivität verbleibt, zu der sich Frankreich und England innig gemeinsam bekennen, oder ob es erneut zum Hort barbarischer Anarchie und religiösen Fanatismus wird? Das alles war vor kurzem noch das ABC der französischen Politik.

Die Politik der Republik kann daran nichts ändern: Es geht hier nicht um vorübergehende dynastische Interessen, rückwärtsgewandte fixe Ideen, die Rolle eines aufgewühlten, kriegslüsternen Volkes; es handelt sich vielmehr um die Verwaltung und Verteidigung des nationalen Erbes, wie es Natur und Geschichte geschaffen haben.

Die Kolonien sind der am teuersten erworbene und nicht unwichtigste Teil dieses Erbes. Wenn die Republik nicht auf eine europäische, orientalische und mediterrane Politik verzichten kann, dann braucht sie aus den gleichen Gründen auch eine koloniale Politik: das bedeutet in dieser Hinsicht nicht, aus Geringschätzung oder Nachlässigkeit vergesslich und unaufmerksam zu sein, sondern wachsam und aktiv, zu allen Opfern entschlossen, die nötig sind zur Bewahrung alter oder kürzlich erworbener Besitzungen, die in unterschiedlichem Grad und in den verschiedensten Teilen der Erde dazu beitragen, den Namen Frankreichs über die Welt zu verbreiten. Diese Opfer haben nicht immer das Glück, den lebenden Generationen zu gefallen: die Zukunft wird ihren Sinn und ihren Nutzen erweisen. Kolonialpolitik ist ihrem Wesen nach langfristig. [...] Sollte z. B. die französische Flagge in Tongking eingeholt werden, wie manche vorschlagen, so würden Deutschland oder Spanien dort sofort an unsere Stelle treten. Zwischen den europäischen Nationen wird die Konkurrenz um die entferntesten Absatzmärkte immer schärfer; sie sind Niederlassungen an den Eingangstoren zur Barbarei, welche für den sicheren Instinkt des alten Europa Brückenköpfe der Zivilisation und Wege in die Zukunft sind. Die Notwendigkeiten einer stetig wachsenden, zum Wachsen gezwungenen, da sonst zum Tode verurteilten Industrieproduktion; die Suche nach unerschlossenen Märkten; der (von Stuart Mill so klar definierte) Nutzen, »für die alten und reichen Länder Arbeiter oder Kapital in neue Länder zu verlagern«; die durch das moderne Leben so schnell entwickelten Tendenzen, die Individuen wie die Völker über ihre Grenzen hinaus zu treiben; die Wissenschaft, die London, Berlin oder Paris nur wenige Stunden von den äußersten Enden der Erde entfernt sein lässt; die ins Auge stechenden Fortschritte der europäischen Gesellschaftsordnung und der Friedensideen, dies alles treibt die zivilisierten Nationen dazu, ihre alten Gegensätze auf dem ausgedehnteren und fruchtbareren Boden weit entfernter Unternehmungen auszutragen. Ist das der Moment, in dem Frankreich sich nach Hause wenden, sich auf sich selbst beschränken, sich in einer sesshaften Politik einsperren kann, einer Politik am eigenen Kamin, die im nächsten Jahrhundert die unterlegenen oder von Dekadenz bedrohten Völker kennzeichnen wird? Wir wollen für Frankreich ein anderes Schicksal. An unserm Kolonialbesitz ist nichts zu beschneiden, zu verschmähen, unbearbeitet liegen zu lassen. Man muss ihn bewahren und fruchtbar machen, ihn überall dort ausdehnen, wo Ausweitung offensichtlich das einzige Mittel zur Erhaltung ist.

D: Jules Ferry: Préface des »Affaires de Tunisie« (1881). In: J. F.: Discours et Opinions. Publiés avec commentaires et notes par Paul

Robiquet. Bd. 5: Discours sur la politique extérieure et coloniale. Paris: Collin, 1897. S. 521–526, hier: S. 524 f. [Übers.: Thomas Lange.]

4
»Deutschland ist bei der Aufteilung der Erde leer ausgegangen« (Carl Peters, 1884)

Carl Peters' (1856–1918) Aufruf sollte den Erwerb von deutschen Kolonien durch private Gesellschaften begründen.

Die deutsche Nation ist bei der Verteilung der Erde, wie sie vom Ausgang des 15. Jahrhunderts bis auf unsere Tage hin stattgefunden hat, leer ausgegangen. Alle übrigen Kulturvölker Europas besitzen auch außerhalb unseres Erdteils Stätten, wo ihre Sprache und Art feste Wurzeln fassen und sich entfalten kann. Der deutsche Auswanderer, sobald er die Grenzen des Reiches hinter sich gelassen hat, ist ein Fremdling auf ausländischem Grund und Boden. Das Deutsche Reich, groß und stark durch die mit Blut errungene Einheit, steht da als die führende Macht auf dem Kontinent von Europa: seine Söhne in der Fremde müssen sich überall Nationen einfügen, welche der unsrigen entweder gleichgültig oder geradezu feindlich gegenüberstehen. Der große Strom deutscher Auswanderung taucht seit Jahrhunderten in fremde Rassen ein, um in ihnen zu verschwinden. Das Deutschtum außerhalb Europas verfällt fortdauernd nationalem Untergang.

In dieser für den Nationalstolz so schmerzlichen Tatsache liegt ein ungeheurer wirtschaftlicher Nachteil für unser

Volk! Alljährlich geht die Kraft von 200 000 Deutschen unserem Vaterland verloren! Diese Kraftmasse strömt meistens unmittelbar in das Lager unserer wirtschaftlichen Konkurrenten ab und vermehrt die Stärke unserer Gegner. Der deutsche Import von Produkten tropischer Zonen geht von ausländischen Niederlassungen aus, wodurch alljährlich viele Millionen deutschen Kapitals an fremde Nationen verloren gehen! Der deutsche Export ist abhängig von der Willkür fremdländischer Zollpolitik. Ein unter allen Umständen sicherer Absatzmarkt fehlt unserer Industrie, weil eigene Kolonien unserem Volke fehlen. Um diesem nationalen Mißstande abzuhelfen, dazu bedarf es praktischen und tatkräftigen Handelns.

D: Aufruf der Gesellschaft für Deutsche Kolonisation. Zit. nach: Hermann Krätschel: Carl Peters 1856–1918. Ein Beitrag zur Publizistik des imperialistischen Nationalismus in Deutschland. Phil. Diss. Freie Universität Berlin 1959. S. 16 f.

5
»Der deutsche Name ist ein Schreckensruf geworden« (Reichstagsdebatte 1889)

Als die Deutsch-Ostafrikanische Gesellschaft die meist arabischen Zwischenhändler in der Küstenregion ausschalten wollte, kam es zum sogenannten »Araber-Aufstand«. Darauf wurde im Reichstag ein »Gesetz zur Bekämpfung des Sklavenhandels und zum Schutz deutscher Interessen« eingebracht, um Kosten für einen Militäreinsatz zu bewilligen.

ABGEORDNETER LUDWIG BAMBERGER (Deutsch-Freisinnige Partei):

Meine Herren, die Erfolge dieser [Deutsch-Ostafrikanischen] Gesellschaft waren die, daß jetzt jene Küsten, wo friedliche Geschäfte betrieben wurden, bombardiert, eingeäschert werden und Szenen von Totschlag und Verwüstung stattfinden. Meine Herren, die Erfolge dieser Kompagnie sind ferner die, daß der deutsche Name ein Schreckensruf geworden ist für die dortige Bevölkerung.

(Oho! rechts.)

Ja, meine Herren, bestreiten Sie uns das nicht. Wir haben dafür klassische Zeugnisse von Ihrer eigenen Seite: es ist allbekannt, daß das Vorgehen der deutschen Gesellschaft und die dadurch notwendig herbeigeführten Repressionsmaßregeln den deutschen Namen bei der einheimischen Bevölkerung umgeben hat mit einer Antipathie, die anderen Nationen – und bisher den Deutschen – dort nicht entgegengestanden hat.

Hier heißt es – weil ich denn doch darauf herausgefordert werde, will ich die ganze Stelle vorlesen. Meine Herren, die Mitteilung ist aus dem amtlichen Organ der Deutschen Kolonial-

(Hört! hört! links.)

der Deutschen Kolonialgesellschaft, 1888 Nr. 42 Seite 337.

(Hört! hört! links.)

Folgender Auszug aus dem Brief des deutschen Kolonialbeamten Herrn Hessel. Es lautet die Stelle wörtlich:

»In der Nähe von Tarabando konnten wir ein Lager beziehen. Es ist ein reiches Dorf, das aber von erbärmlichen Menschen bewohnt ist. Was wir an Nahrungsmitteln kauften, mußten wir doppelt so hoch bezahlen als an anderen

Plätzen. Einen Kerl, der es zu toll trieb, lockte ich ins Zelt, ließ ihn dort binden und knebeln, daß er nicht schreien konnte, und schlug ihn windelweich; dann warf ich ihn zur Abkühlung ins Wasser. Er schüttelte sich und lief davon. Aber es hatte geholfen; die Weiber gingen sofort mit ihren Preisen herunter.«

(Heiterkeit – Reichskanzler Fürst von Bismarck: Was geht denn mich das an?) [...]

ABGEORDNETER RUDOLF VON BENNIGSEN (Nationalliberale Partei):

Meine Herren, wenn man die Geschichte der Kolonien anderer Länder überblickt, der Nationen, welche ich vorhin erwähnt habe, so wissen wir doch alle, mit welchen Schwierigkeiten diese Nationen in den fremden Ländern mit Klima und wilden Völkerschaften zu kämpfen gehabt haben; Aufstände, Opfer an Menschenleben und Kapital sind da wiederholt und in größtem Umfange eingetreten; niemals aber haben sich die Nationen um deswillen von der Besiedlung und von der Festhaltung ihrer Kolonien zurückschrecken lassen. Weshalb soll denn das nun gerade die deutsche Nation tun, und weshalb soll denn gerade die deutsche Nation so ungeeignet und ganz unfähig sein, ähnlich wie andere Nationen mit der Zeit auch große Erfolge durch ihre Kolonien zu erreichen? Von den anderen Nationen wissen wir es doch mit Bestimmtheit, daß ein erheblicher Teil ihres Reichtums und ihres Handels beruht auf dem Besitz der Kolonien und auf der Verbindung des Heimatlandes mit den Kolonien. [...]

Meine Herren, daß wir eine Verpflichtung haben, diejenigen afrikanischen Gebiete, die einmal in unserem Besitz sind, festzuhalten, auch ganz abgesehen von den Unternehmungen gegen die Sklavenjagden und den Sklavenhandel, das scheint mir doch angesichts der Tatsachen, die bedauerlicherweise sich in den letzten Tagen gehäuft haben, ganz zweifellos zu sein. [...]

Ähnlich, wie also jetzt die Blockade gemeinsam mit anderen Mächten, insbesondere auch mit England, ins Leben gerufen ist, ähnlich wird die Politik der deutschen Regierung darin bestehen, auch bei diesem neuen Unternehmen – den Sklavenjagden und dem Sklavenhandel in Afrika entgegenzuwirken, dadurch zugleich unsere kolonialen Gebiete zu sichern, dieses Land der Kultur zuzuführen und Deutschland den ihm gebührenden Vorteil und Anteil an der Aufschließung Afrikas zu erwerben – in voller Übereinstimmung und gleichmäßig mit anderen Mächten zu handeln. [...]

ABGEORDNETER AUGUST BEBEL (SPD):
Wo immer wir die Geschichte der Kolonialpolitik in den letzten drei Jahrhunderten aufschlagen, überall begegnen wir Gewalttätigkeiten und der Unterdrückung der betreffenden Völkerschaften, die nicht selten schließlich mit deren vollständiger Ausrottung endet. Und das treibende Motiv ist immer, Gold, Gold und wieder nur Gold zu erwerben. Und um die Ausbeutung der afrikanischen Bevölkerung im vollen Umfange und möglichst ungestört betreiben zu können, sollen aus den Taschen des Reiches, aus den Taschen der Steuerzahler Millionen verwendet werden, soll die Ostafrikanische Gesellschaft mit den Mitteln des Reiches unterstützt werden, damit ihr das Ausbeutegeschäft gesichert wird. Daß wir von unserem Standpunkt

aus als Gegner jeder Unterdrückung nicht die Hand dazu bieten, werden Sie begreifen […].

Man gewöhnt sich zu leicht, in dem Schwarzen einen Menschen inferiorer Rasse zu sehen, gegen den man sich alles erlauben dürfe, gegenüber dem es in der Behandlung gar keine andere Grenze gebe als die des eigenen persönlichen Nutzens, des größten Vorteils für den Unternehmer. Als Folge dieser Auffassung sehen wir, daß allüberall, wo die Europäer in solche Kolonialgebiete eindringen, und wo stets die Bevölkerung im ganzen sich auf einer niedrigen Kulturstufe befindet, diese brutal egoistischen Maximen Platz greifen und fortgesetzt zu Empörungen und Revolten gegen die Unternehmer führen, genau so, wie wir dies bereits bei der kurzen Verwaltungsprobe der Ostafrikanischen Gesellschaft in den deutschen Schutzgebieten in Ostafrika erlebt haben. Es gibt keine einzige Kolonialmacht in Europa, die bis in die allerneueste Zeit, sogar bis in unsere Tage hinein, nicht mehr oder weniger mit Empörungen ihrer unterdrückten fremdländischen Bevölkerungen zu kämpfen gehabt hat. […]

Meine Herren, das sind keine Ziele, das sind keine Mittel, für die wir uns begeistern könnten. Es wird allerdings als eigentliches Ziel aufgestellt, es handle sich um die Verbreitung europäischer Zivilisation, europäischer Kultur, um die Verbreitung des Christentums, es gelte vor allen Dingen, dem scheußlichen Sklavenhandel und den Sklavenjagden ein Ende zu machen. Aber, meine Herren, den Kernpunkt der Sache, der erst den Sklavenhandel und die Sklavenjagden zur Folge hat, *die Sklaverei an sich, wollen Sie nicht aufheben*. Es ist keinem von Ihnen bisher auch nur eingefallen, das hervorzuheben oder auch nur anzudeuten.

D: Stenographische Berichte über die Verhandlungen des Reichstages. (VII. Legislaturperiode, IV. Session 1888/89, 1. Bd. S. 610 f., 625, 628 f.

6
»Schutzvertrag« der Imperial British East Africa Company mit Kabaka (König) Mwanga II. von Buganda (traditionelles Königreich in Uganda, 1890)

Mwanga II. hatte sich in einem Thronstreit an die Deutschen gewandt und einen ersten Schutzvertrag mit Carl Peters abgeschlossen, der aber von Bismarck nicht ratifiziert wurde. Daraufhin konnte Frederick D. Lugard (1858–1945) mit diesem Vertrag vom 30. Mai 1890 den britischen Einfluss in der Region auch gegenüber widerstreitenden französischen Interessen sichern, nur vier Jahre später wurde Uganda britisches Protektorat.

Ich, Mwanga, Kabaka von Uganda, schließe hiermit den folgenden Vertrag [...] mit Hauptmann F. D. Lugard, D. S. O., Offizier in der Armee Ihrer Majestät Königin Victoria [...] im Namen der British East Africa Company [...]. Und als Zeichen ihrer Zustimmung unterzeichnen auch die wichtigsten Offiziere und die Chiefs meines Landes diesen Vertrag mit ihrem Namen.

(1) Die Imperial British Africa Company (im folgenden »die Gesellschaft« genannt) verpflichtet sich ihrerseits, dem Königreich Uganda Schutz zu gewähren und mit allen Mitteln, die in ihrer Verfügung stehen, den Frieden und den Wohlstand zu sichern, seine Kultur und seinen Handel zu

fördern und ein Verwaltungs- und Organisationssystem einzuführen, durch das diese Ziele erreicht werden sollen.

(2) Ich, Mwanga, Kabaka von Uganda, im Namen meiner Chiefs, meines Volkes und Königreichs, erkenne hiermit die Oberhoheit der Gesellschaft an und dass mein Königreich zur britischen Einflusssphäre gehört, wie zwischen den europäischen Großmächten vereinbart. In Anerkennung dessen werde ich in meiner Hauptstadt und im ganzen Königreich keine andere als die Flagge der Gesellschaft hissen, keine Verträge schließen, keinerlei Konzessionen vergeben oder Ansiedlung und Landerwerb in meinem Königreich erlauben, noch Staatsämter an Europäer irgendeiner anderen Nationalität übertragen, ohne das Wissen und die Zustimmung des Vertreters der Gesellschaft in Uganda (im folgenden »der Resident« genannt). [...]

4) Die Zustimmung und der Ratschlag des Residenten ist einzuholen, bevor ein Krieg begonnen wird und in allen wichtigen und schwerwiegenden Staatsangelegenheiten, wie etwa die Ernennung von Chiefs zu Staatsämtern, die Festsetzung von Steuern usw. [...]

(6) Das Eigentum der Gesellschaft und ihrer Angestellten sowie aller ihrer Bediensteten werden von jeglicher Besteuerung ausgenommen.

(7) Die Staatseinnahmen sollen so weit wie möglich für die Entwicklung des Landes und die Verwaltung verwendet werden, wie für die Kosten der Garnisonen etc. Für diese Zwecke soll der König Arbeitskräfte und jegliche Unterstützung bereitstellen. [...]

(12) Dieser Vertag gilt auf unbestimmte Zeit, er kann mit dem Einverständnis beider Parteien aufgehoben oder geändert werden.

Kampala, den 30. März 1892.
gez. F. D. Lugard
X [Mwanga II, Kabaka von Uganda]

D: Frederick D. Lugard: Diaries. Bd. 3. Hrsg. von Margery Perham. London: Faber & Faber, 1959. S. 164–166. [Übers.: Bernd-Stefan Grewe.]

7
»Lasst Waffen frei ins Land kommen«
(Hendrick Witbooi, 1892)

Am 9. Juni 1892 traf der Nama-Häuptling (»Kaptein«, in der vorliegenden Quelle »Kapitain« geschrieben) Hendrick Witbooi (um 1834 – 1905) mit dem kaiserlichen Kommissar Major Curt von François zusammen, der zum Schutz der deutschen Siedler in Südwestafrika die dauernden Kämpfe zwischen Nama und Herero beenden wollte. Aufzeichnungen über dieses Gespräch hat der zum Christentum konvertierte Witbooi in kapholländicher Sprache in einer Art »Tagebuch« niederschreiben lassen.

Ansprache des Hauptmanns und Kommissars (von François):
Von den Herero[1] und auch von den Weißen hört man je-

1 Die Rinder züchtenden Herero lebten seit Mitte des 18. Jahrhunderts im nördlichen Südwestafrika. Anfang des 19. Jahrhunderts stießen sie mit den aus Süden kommenden, als Jäger, Rinder-, Schaf- und Ziegenzüchter lebenden Nama zusammen, die sich dem Einfluss der Buren entziehen wollten. Den Nama waren europäische Kleidung, Reitpferde und Feuerwaffen vertraut.

doch viele Klagen über Euer unrechtes und unverständiges Tun. [...] Und so bin ich denn gekommen, um mit Euch darüber zu sprechen. Ich komme als Freund, um Euch den guten und besten Rat zu geben, doch das zu tun, was dieser Tage alle anderen Kapitaine des Landes getan haben, nämlich Euch unter deutschen Schutz zu stellen. [...]

Kapitain Hendrik Witbooi antwortet:

Von Eurer Ankunft und Euren Absichten habe ich gehört. [...]

Erstens: Seid Ihr vom deutschen Kaiser geschickt?

Der Hauptmann und Kommissar antwortet:

Jawohl, wir sind von der deutschen Regierung geschickt. [...]

Der Kapitain antwortet:

Zum zweiten frage ich: Was ist Schutz? Wovor werden wir beschützt, vor welcher Gefahr, Mühseligkeit und Not wird ein Oberhaupt von einem anderen Oberhaupt geschützt?

Der Hauptmann und Kommissar antwortet:

Ihr werdet beschützt vor den Buren und anderen starken Nationen, die beabsichtigen, in dieses Land zu kommen, hier zu bleiben und sich hier zu betätigen, wo es ihnen paßt, ohne die Kapitaine des Landes um Erlaubnis zu bitten. [...] Ihr müßt wohl verstehen, Kapitain, daß den Kapitainen ihre Rechte und Gesetze nicht genommen werden, sondern daß sie diese behalten. [...]

Der Kapitain antwortet:

Ich denke folgendermaßen darüber: Die Sache erscheint mir unmöglich und wunderlich; ich kann sie nicht verstehen. Ein jeder Kapitain regiert sein Volk und Land selbständig und ist unabhängiges Oberhaupt seines Landes und Volkes. Er hat sein Volk gegen jede Gefahr oder Not, die über sein Volk kommt oder ihm Schaden zufügen könnte, zu beschützen. Aus diesem Grund gibt es verschiedene Königreiche, und jeder Kapitain sorgt für sein Volk und Land und beherrscht es. [...] Dieses Afrika ist das Land von uns roten[2] Kapitainen. [...]

Der Hauptmann und Kommissar antwortet: [...]

Der Kapitain sollte aber auch folgendes bedenken und berechnen: Wohl verfügt Ihr über mutige und streitbare Kämpfer, aber was hilft Euch das, wenn Ihr nicht imstande seid, Euch selbst mit Schießbedarf[3] zu versorgen, während ein anderer Mensch, der mit Euch kämpft, reichlich versehen ist und Euch mit Kugeln überschüttet, während Eure Leute das Gewehr verkehrt anfassen und mit Kolben zuschlagen müssen. [...] Alle Nationen, das deutsche, englische, russische, französische, spanische und italienische Volk, sind übereingekommen, die Einfuhr von Schießbedarf ganz und gar zu verbieten, so daß weder Waffen noch Munition ins Land kommen.

Der Kapitain antwortet: [...]

Ich denke über Waffen und Munition ganz anders als Ihr. Ihr weißen Menschen besitzt Verstand und Kenntnisse genug, um alle dem menschlichen Leben nötigen und erforderlichen Dinge herzustellen. Über Schießbedarf aber denke ich folgendermaßen. Ich verstehe darunter eine freie, der Allgemeinheit zugängliche Sache, die Ihr Euch nicht allein zueignen und für die Ihr keine Verbote erlassen könnt.

2 Viele Nama unterscheiden sich von den Herero durch zierlicheren Körperbau und hellere (scheinbar rötliche) Hautfarbe.

3 Die vor allem um Weide- und Siedlungsplätze geführten Kämpfe der Herero und Nama wurden mit von Europäern erworbenen Gewehren ausgetragen.

Laßt Waffen frei ins Land kommen; denn unser irdisches Leben besteht aus Schießbedarf. Mittels Schußwaffen leben wir von Wild, und der Mensch schützt sich durch sie vor Angriffen der Menschen und der wilden Tiere. [...] Ein Mensch, der einem anderen die Waffenzufuhr sperrt, kommt mir vor wie ein Mensch, der einem anderen das Wasser absperrt [...]

Der Hauptmann und Kommissar antwortet:

[...] der Krieg stört und verhindert alles, er behindert das freie Leben, Arbeit, Handel und Wandel. Sollten aber die Hereros, nachdem Frieden geschlossen ist, dem Kapitain etwas Böses antun, so wird die deutsche Regierung eingreifen und sie davon abhalten, und das wird nicht so lange wie die Kriege des Kapitains dauern – in vierzehn Tagen ist die Sache erledigt. [...]

Der Kapitain antwortet:

Wir gehören verschiedenen Völkern an und haben in den verschiedenen Ländern verschiedene Gesetze und Lebensart, und jeder Kapitain lebt mit seinen Menschen nach seinen Gesetzen und Landesgewohnheiten. Wir können deshalb unseren Leuten nicht die Gewehre abnehmen und sie ohne Gewehre lassen.[4]

D: Hendrick Witbooi: Afrika den Afrikanern! Aufzeichnungen eines Nama-Häuptlings aus der Zeit der deutschen Eroberung Südwestafrikas 1884 bis 1894. Hrsg. von Wolfgang Reinhard. Berlin/Bonn: Dietz, 1982. S. 126–131.

4 1894 unterwarf Witbooi sich den militärisch überlegenen Deutschen, 1904 schloss er sich dem Aufstand der Herero gegen die Deutschen an.

8
»Wozu sollen wir den Neger erziehen?«
(Ludwig Külz, 1910)

Stellungnahme eines Tropenarztes.

Legen wir uns jetzt nochmals die Frage vor: Wozu sollen wir den Neger erziehen? Meine kurze und bündige Antwort lautet: zur Arbeit für uns. Tun wir das, so haben wir den materiellen Nutzen auf unserer und eine Veredlung der Eingeborenen auf der anderen Seite, denn Arbeit hat noch nie einen anderen als veredelnden Einfluß ausgeübt. Jede einzelne koloniale Bestrebung in der Eingeborenenpolitik, die dieses Endziel im Auge hat, kann uns willkommen sein; jede, die es hindert, muß als parasitär bekämpft werden. [...]

Durch zwei Eigenschaften muß die Negererziehung ausgezeichnet sein, Gerechtigkeit und Strenge. Beide schließen nicht aus, daß man ein Herz für die Kerle hat. [...] Wir haben beim Neger zu unterscheiden zwischen arbeiten können, arbeiten wollen und arbeiten müssen! [...] Aber der Wille zur Arbeit ist ein beschränkter. Eine geregelte Arbeit ist ihm unsympathisch, doppelt unsympathisch, wenn er keinen Nutzen sieht, die sie ihm selbst bringt. Er arbeitet aus eigenem Antrieb so viel, als er eben braucht, um leben zu können. Für Mehr bedarf er eines kräftigen Ansporns. [...] Schon die Aussicht auf einen nahen, greifbaren, persönlichen Nutzen macht ihm die zugemutete Arbeit annehmbar. [...] Eine gehörige Portion Hiebe oder einige Wochen harter Arbeit für eine begangene Dummheit wirken zwar nachhaltiger und eindrucksvoller auf den Neger und machen ihn uns dienstbarer als ein ganzes Dutzend Sonntagspredigten; aber eine ungerechte Strafe wird ihn auf lange Zeit hinaus kopfscheu machen. [...] Der gefährlichste Grundsatz aber bei der Negererziehung [...] ist in dem Worte enthalten: gleiches Recht für alle Rassen. [...] »Frei« sollen wir den Neger machen, gewiß, aber nicht durch Halbbildung frei von Arbeit, sondern frei zur Arbeit durch eine Erziehung, die seinem Kulturniveau angepaßt ist. Wir begehen vielfach einen großen Fehler, indem wir annehmen, daß alles, was uns selbst als ein Fortschritt, ein Vorzug, als wertvolle Errungenschaft unserer Kultur erscheint, für den Neger die gleiche Bedeutung haben müsse; wir neigen stets zu der Torheit, unseren heimischen Maßstab an seine Verhältnisse anzulegen. Mitnichten sollen wir den Eingeborenen als unseren schwarzen »Bruder« ansehen, sondern als unser unmündiges Kind. [...] Vor allem möchte ich nicht den Glauben erwecken, als wenn der Erziehungszeitraum, dessen der Neger bedarf, dem des Kindes gleichzusetzen sei. Jahrhunderte wird er für den Neger dauern, und hoffentlich wird er dann auch nicht seinem europäischen Lehrmeister über den Kopf wachsen, sondern dauernd im Vergleiche zu ihm der Unmündige bleiben.

D: Ludwig Külz: Blätter und Briefe eines Arztes aus dem tropischen Deutschafrika. Berlin: Süsserott, [2]1910. S. 100–106.

9
»Innerhalb der Deutschen Grenze wird jeder Herero erschossen« (Generalleutnant Lothar von Trotha, 1904)

Befehl des Gouverneurs von Deutsch-Südwestafrika und Kommandeurs der Kaiserlichen Schutztruppe, Lothar von Trotha (1848–1920), im Kampf gegen die aufständischen Herero.

I.
Abschrift.
Kommando der Schutztruppe.
Nr. 3737
Osombo-Windhuk, 2.10.04

Ich der große General der Deutschen Soldaten sende diesen Brief an das Volk der Herero.

Die Herero sind nicht mehr Deutsche Untertanen. Sie haben gemordet und gestohlen, haben verwundeten Soldaten Ohren und Nasen und andere Körperteile abgeschnitten und wollen jetzt aus Feigheit nicht mehr kämpfen. Ich sage dem Volk: Jeder der einen der Kapitäne an eine meiner Stationen als Gefangenen abliefert, erhält tausend Mark, wer Samuel Maherero bringt, erhält fünftausend Mark. Das Volk der Herero muß jedoch das Land verlassen. Wenn das Volk dies nicht tut, so werde ich es mit dem Groot Rohr [Kanone] dazu zwingen.

Innerhalb der Deutschen Grenze wird jeder Herero mit oder ohne Gewehr, mit oder ohne Vieh erschossen, ich nehme keine Weiber und keine Kinder mehr auf, treibe sie zu ihrem Volke zurück oder lasse auch auf sie schießen.

Dies sind meine Worte an das Volk der Herero.

Der große General des mächtigen Deutschen Kaisers.

Dieser Erlaß ist bei den Appells den Truppen mitzuteilen mit dem Hinzufügen, daß auch der Truppe, die einen der Kapitäne fängt, die entsprechende Belohnung zu teil wird, und daß das Schießen auf Weiber und Kinder so zu verstehen ist, daß über sie hinweggeschossen wird, um sie zum Laufen zu zwingen. Ich nehme mit Bestimmtheit an, daß dieser Erlaß dazu führen wird, keine männliche Gefangene mehr zu machen, aber nicht zu Grausamkeiten gegen Weiber und Kinder ausartet. Diese werden schon fortlaufen, wenn zweimal über sie hinweggeschossen wird. Die Truppe wird sich des guten Rufes der Deutschen Soldaten bewußt bleiben.

Der Kommandeur.
gez. v. Trotha
Generalleutnant

D: Bundesarchiv Berlin: R 1001/2089, Bl. 7. – Zit. nach: Horst Gründer (Hrsg.): »... da und dort ein junges Deutschland gründen«: Rassismus, Kolonien und kolonialer Gedanke vom 16. bis zum 20. Jahrhundert. München: Deutscher Taschenbuch Verlag, 1999. S. 152.

10
»Reinerhaltung deutscher Rasse«
(Vizegouverneur Tecklenburg, 1905)

Verbot von Ehen zwischen Deutschen und »Eingeborenen« in Deutsch-Südwestafrika. – Durch das 1906 durchgesetzte – und sogar (rechtswidrig) rückwirkende – Verbot standesamtlicher und kirchlicher Trauungen verloren auch die deutschen Ehemänner Rechte (z. B. das Wahlrecht).

Die männlichen Mischlinge werden wehrpflichtig, fähig, öffentliche Ämter zu erlangen, und des künftig einmal einzuführenden Wahlrechts und anderer an die Staatsangehörigkeit geknüpfter Rechte teilhaftig. Diese Folgen sind in hohem Grade bedenklich und bergen nach Lage der Verhältnisse Deutsch-Südwestafrikas eine große Gefahr in sich. Durch sie wird nicht allein die Reinerhaltung deutscher Rasse und deutscher Gesittung hier sehr wesentlich beeinträchtigt, sondern auch die Machtstellung des weißen Mannes überhaupt gefährdet.

Was das erstere betrifft, so ist es eine alte, nicht nur in Afrika bestätigte Erfahrungstatsache, daß der mit einer Angehörigen einer tieferstehenden Rasse dauernd zusammenlebende Weiße nicht letztere zu sich emporzieht, sondern von ihr herabgezogen wird; er ›verkaffert‹, wie man hier sagt. Ebenso lehrt die Erfahrung, daß solche Verbindungen die Rasse nicht bessern, sondern verschlechtern: Die Abkömmlinge sind in der Regel physisch und sittlich schwach, vereinigen in sich die schlechten Eigenschaften beider Eltern und folgen naturgemäß in Sprache und Gesittung mehr der eingeborenen Mutter als dem weißen Vater. Würde die Regierung alle diese Folgen durch die gesetzliche Zulassung der Eheschließung zwischen Nichteingeborenen und Eingeborenen sanktionieren, so würde sie ihrem eigenen Interesse, dieses Schutzgebiet zu einem Lande deutscher Gesittung zu machen, entgegenhandeln. Die gesetzliche Unzulässigkeit von Ehen zwischen Weißen und Eingeborenen wird allerdings Geschlechtsverbindungen solcher und die Erzeugung von Mischlingen nicht verhindern; aber diese Geschlechtsverbindungen sollen außerhalb des Gesetzes stehen und den Abkömmlingen durch Gesetz nicht die Rechte ehelicher Kinder und kein Einfluß auf die Geschicke des Landes eingeräumt werden. Durch diese Behandlung wird auch ein nicht zu unterschätzender Einfluß auf die in dieser Hinsicht oft sehr unreifen sozialen Anschauungen unserer Ansiedler ausgeübt.

D: Der stellvertretende Gouverneur von Deutsch Südwestafrika, Hans Tecklenburg, an die Kolonialabteilung des Auswärtigen Amtes, 23. Oktober 1905. National Archives Windhuk. Zit. nach: Jürgen Zimmerer: Deutsche Herrschaft über Afrikaner. Staatlicher Machtanspruch und Wirklichkeit im kolonialen Namibia. Münster: LIT Verlag, 2001. (Europa – Übersee. Historische Studien. Hrsg. von Horst Gründer, Historisches Seminar der Universität Münster. Bd. 10.) S. 99–100.

11
»Wir verlangen auch unseren Platz an der Sonne« (Staatssekretär des Auswärtigen Amts Bernhard von Bülow, 1897)

Anlass für die Rede Bernhard von Bülows im Reichstag am 6. Dezember 1897 war die Ermordung zweier deutscher Mis-

sionare in der Provinz Shandong im November 1897 und die darauffolgende – aber schon lange vorher geplante – Besetzung eines Küstenstreifens durch die Reichsmarine.

[…] In Ostasien schien der Herr Abgeordnete Dr. Schoenlank zu fürchten, daß wir uns in Abenteuer stürzen wollten. Fürchten Sie gar nichts, meine Herren! Der Herr Reichskanzler ist nicht der Mann, und seine Mitarbeiter sind nicht die Leute, irgend unnütze Händel zu suchen. Wir empfinden auch durchaus nicht das Bedürfniß, unsere Finger in jeden Topf zu stecken. Aber allerdings sind wir der Ansicht, daß es sich nicht empfiehlt, Deutschland in zukunftsreichen Ländern von vornherein auszuschließen vom Mitbewerb anderer Völker.

(Bravo!)

Die Zeiten, wo der Deutsche dem einen seiner Nachbarn die Erde überließ, dem anderen das Meer und sich selbst den Himmel reservirte, wo die reine Doktrin thront

(Heiterkeit – Bravo!)

– diese Zeiten sind vorüber. Wir betrachten es als eine unserer vornehmsten Aufgaben, gerade in Ostasien die Interessen unserer Schiffahrt, unseres Handels und unserer Industrie zu fördern und zu pflegen.

Die Entsendung unserer Kreuzerdivision nach der Kiaotschoubucht und die Besetzung dieser Bucht ist erfolgt einerseits, um für die Ermordung deutscher und katholischer Missionare volle Sühne, andererseits für die Zukunft größere Sicherheit als bisher gegen die Wiederkehr solcher Vorkommnisse zu erlangen. In beiden Richtungen schweben Unterhandlungen, und bei der Natur diplomatischer Unterhandlungen und Geschäfte nöthigt mich dies, meine

Worte sehr sorgsam abzuwägen. Ich kann aber doch Folgendes sagen: wir sind gegenüber China erfüllt von wohlwollenden und freundlichen Absichten

(Heiterkeit links);

wir wollen China weder brüskiren noch provoziren. Trotz der uns widerfahrenen schweren Unbill ist die Besetzung der Kiaotschoubucht in schonender Weise ausgeführt worden. Wir wünschen die Fortdauer der Freundschaft, welche Deutschland seit langem mit China verbindet, und die bisher nie getrübt wurde. Aber die Voraussetzung für die Fortdauer dieser Freundschaft ist die gegenseitige Achtung der beiderseitigen Rechte. Die Niedermetzelung unserer Missionare war der nächstliegende und war ein zwingender Grund für unser Einschreiten; denn wir waren nicht der Ansicht, daß diese frommen Leute, welche friedlich ihrem heiligen Berufe nachgingen, als vogelfrei zu betrachten wären.

(Sehr gut!)

Aber auch abgesehen von diesem traurigen Vorfall hatten wir gegenüber China eine Reihe anderer Beschwerdepunkte. Wir hoffen, daß es gelingen wird, diese Beschwerden auf dem Wege loyaler Unterhandlung gütlich beizulegen. Wir könnten aber nicht zugeben, daß sich in China die Ansicht festsetze, uns gegenüber sei erlaubt, was man sich Anderen gegenüber nicht herausnehmen würde.

(Sehr richtig! und Bravo!)

Wir müssen verlangen, daß der deutsche Missionar und der deutsche Unternehmer, die deutschen Waren, die deutsche Flagge und das deutsche Schiff in China geradeso geachtet werden, wie diejenigen anderer Mächte.

(Lebhaftes Bravo.)

Wir sind endlich gern bereit, in Ostasien den Interessen anderer Großmächte Rechnung zu tragen, in der sicheren Voraussicht, daß unsere eigenen Interessen gleichfalls die ihnen gebührende Würdigung finden.

(Bravo!)

Mit einem Worte: wir wollen niemand in den Schatten stellen, aber wir verlangen auch unseren Platz an der Sonne.

(Bravo!)

In Ostasien wie in Westindien werden wir bestrebt sein, getreu den Ueberlieferungen der deutschen Politik, ohne unnöthige Schärfe, aber auch ohne Schwäche unsere Rechte und unsere Interessen zu wahren.

(Lebhafter Beifall.)

D: Stenographische Berichte über die Verhandlungen des Reichstags. IX. Legislaturperiode. V. Session. 1897/98. Bd. 1. Berlin 1898. S. 60.

12
»Die unserem Volk angetane Schmach wieder wettmachen« (Kang Youwei, 1898)

Eingabe des für eine Modernisierung Chinas eintretenden Philosophen Kang Youwei (1858–1927) an den chinesischen Kaiser Guangxu. Dessen Reform-Edikte wurden aber nach hundert Tagen Herrschaft durch die Kaiserinwitwe Cixi rückgängig gemacht.

Drohend schwebt die Gefahr der Aufteilung Chinas durch die ausländischen Mächte über uns. Unverzüglich müssen deshalb umfassende Reformen zur Rettung unserer

Nation eingeleitet werden. Aus diesem Grund erlaube ich, Kang Youwei, Obersekretär im Arbeitsministerium, mir, Seiner Kaiserlichen Hoheit eine Throneingabe zu überreichen. [...]

Schließlich demütigten uns die Japaner, trennten Taiwan ab und zwangen uns erdrückende Kontributionszahlungen auf.[5] Infolgedessen verlor das Ausland vor uns jegliche Achtung, unsere Landsleute verließ das Gefühl der Einheit. Die Sorge in meiner Brust wuchs, und ich unterbreitete weitere Pläne, in der Hoffnung, daß rechtzeitig Reformen zur Rettung unseres Landes eingeleitet würden. Ich vertrat die Ansicht, daß zum damaligen Zeitpunkt noch gute Aussichten auf eine erfolgreiche Durchführung von Reformen bestanden. Würden wir aber weitere Zeit verlieren, gedankenlos in den Tag hineinleben, uns krampfhaft an alte Konventionen klammern und auch diese letzte Gelegenheit ungenutzt verstreichen lassen, dann wäre unser baldiges Ende durch fortgesetzte ausländische Aggressionen und Unruhen im Innern gewiß. [...]

Seit der Niederlage gegen die Japaner 1894/95 blicken die westlichen Staaten mit unvergleichbarer Geringschätzung auf uns herab. Früher galten wir in ihren Augen wenigstens noch als halbzivilisierte Nation; heute werden wir mit den Negersklaven Afrikas auf eine Stufe gestellt. Früher ereiferten sie sich über unseren Hochmut; heute behandeln sie uns wie Taubstumme und Blinde. Gemäß den von ihnen abgeschlossenen Verträgen haben nur zivilisierte Nationen ein Recht auf Schutz. Barbarische Völker hingegen sollen, um die Menschheit zu retten, ausgemerzt werden.

5 Im Frieden von Shimonoseki 1895.

In den letzten zehn Jahren waren die westlichen Großmächte mit der Aufteilung Afrikas beschäftigt. So blieb China vor größeren Schlägen verschont. Nachdem nun die Aufteilung Afrikas abgeschlossen worden ist, beschäftigten sich die Großmächte in den letzten drei Jahren unablässig mit der Aufteilung Chinas. In aller Offenheit verbreiten sich die verschiedenen Zeitungen zu diesem Thema. Aus den Aggressionsplänen wird keinerlei Hehl gemacht. Selbst detaillierte Pläne und Kartenskizzen gelangen überall zum Abdruck. Doch noch sind es Pläne, deren Verwirklichung aussteht. [...]

Warum bauen alle Länder unaufhörlich Heer und Marine aus? Als allgemeine Antwort darauf hört man: »Um die Sicherheit Europas zu gewährleisten.« Aber die dunklen Absichten der Großmächte konzentrieren sich insgeheim auf Asien. Stets behaupten die Großmächte, lediglich Handel und Mission schützen zu wollen. In Wirklichkeit gieren sie nach der Besetzung fremden Territoriums.

Die »Times« äußerte sich als regierungsoffizielles Organ Englands zur deutschen Besetzung der Jiaozhou-Bucht in lobenden Tönen. Sie pries das deutsche Vorgehen und empfahl es allen anderen Ländern als nachahmenswert.

D: Kang Youwei Zhenglun ji (Sammlung der politischen Streitschriften von Kang Youwei). Peking: Zhonghua shuju, 1981. S. 201–210. Zit. nach: Mechthild Leutner (Hrsg.) / Klaus Mühlhahn (Bearb.): »Musterkolonie Kiautschou«. Die Expansion des Deutschen Reiches in China. Deutsch-chinesische Beziehungen 1897 bis 1914. Eine Quellensammlung. Berlin: Akademie Verlag, 1997. S. 151–153. [Übers.: Peter Merker.]

13
»Pardon wird nicht gegeben« (Kaiser Wilhelm II., 1900)

Die sogenannte Hunnen-Rede Kaiser Wilhelms II. bei der Verabschiedung der deutschen Truppen, die zur Niederschlagung des Boxeraufstandes nach China geschickt wurden (27. Juli 1900).

Die Aufgabe, zu der Ich Euch hinaussende, ist eine große. Ihr sollt schweres Unrecht sühnen. Ein Volk, das, wie die Chinesen, es wagt, tausendjährige Völkerrechte umzuwerfen, und der Heiligkeit der Gesandten und der Heiligkeit des Gastrechts in abscheulicher Weise Hohn spricht, das ist ein Vorfall, wie er in der Weltgeschichte noch nicht vorgekommen ist und dazu von einem Volke, welches stolz ist auf eine vieltausendjährige Kultur. Aber Ihr könnt daraus ersehen, wohin eine Kultur kommt, die nicht auf dem Christentum aufgebaut ist. Jede heidnische Kultur, mag sie noch so schön und gut sein, geht zugrunde, wenn große Aufgaben an sie herantreten. So sende Ich Euch aus, daß Ihr bewähren sollt einmal Eure alte deutsche Tüchtigkeit, zum zweiten die Hingebung, die Tapferkeit und das freudige Ertragen jedweden Ungemachs und zum dritten Ehre und Ruhm unserer Waffen und Fahnen. Ihr sollt Beispiele abgeben von der Manneszucht und Disziplin, aber auch der Überwindung und Selbstbeherrschung. Ihr sollt fechten gegen eine gut bewaffnete Macht, aber Ihr sollt auch rächen, nicht nur den Tod des Gesandten, sondern auch vieler Deutscher und Europäer. Kommt Ihr vor den Feind, so wird er geschlagen, Pardon wird nicht gegeben; Gefangene nicht gemacht. Wer Euch in die Hände fällt, sei in Eurer Hand. Wie vor tausend

Jahren die Hunnen unter ihrem König Etzel sich einen Namen gemacht, der sie noch jetzt in der Überlieferung gewaltig erscheinen läßt, so möge der Name Deutschland in China in einer solchen Weise bekannt werden, daß niemals wieder ein Chinese es wagt, etwa einen Deutschen auch nur scheel anzusehen. Ihr werdet mit Übermacht zu kämpfen haben, das sind wir ja gewöhnt, unsere Kriegsgeschichte beweist es. [...] Gebt, wo es auch sei, Beweise Eures Mutes, und der Segen Gottes wird sich an Eure Fahnen heften und es Euch geben, daß das Christentum in jenem Lande seinen Eingang finde. Dafür steht Ihr Mir mit Eurem Fahneneid, und nun glückliche Reise. Adieu, Kameraden.

D: Zit. nach: Bernd Sösemann: Die sog. Hunnenrede Wilhelms II. In: Historische Zeitschrift (1976) Nr. 222. S. 350.

14
»Es wurde ordentlich Luft gemacht«
(Ludwig von Ploennies, 1900)

Ein deutscher Offizier berichtete in Briefen an seine Mutter über die Niederschlagung des Boxeraufstandes in China.

Tientsin, Samstag 16.9.00
Meine liebe Mutter! [...]
Morgens gegen 5½ Uhr [...] gelangten wir nach Tongku; wo Russen und wir uns eingerichtet hatten; die Russen haben wüst gehaust, da sie nach der Haager Conferenz alle Toten beerdigen müssen, haben sie der Einfachheit halber alles in den Fluss getrieben und dann im Fluss abgeschos-

sen. Kurz es wurde ordentlich Luft gemacht. Von Tongku ging es per Eisenbahn nach Tientsin, durch eine Wüste, die mit Gräbern, Trümmern und Posten besetzt war. Nun sind wir in Tientsin, das vollständig ausgeraubt wurde und zum großen Theil niedergebrannt ist. Über die chinesischen Verluste ist nicht annähernd genau zu berichten, da jede Schätzung fehlt. Jedenfalls muß es eine ganz enorme Menge sein; denn jetzt schwimmen noch Leichen den Fluß herunter und hier findet man verkohlte Leichen von Hunden angefressen nur Skelette etc. Was von Geld und Geldeswerth, Kostbarkeiten etc. in Tientsin und Peking geplündert worden ist, beläuft sich auf hunderte von Millionen. Hier biwackiren wir an den sogenannten Reishäusern, wo wir die unverschämten Amerikaner heraus geworfen haben; neben uns die Japaner, vor uns Inder Engländer, links Russen rechts Franzosen, kurz Alles, was es in der sogenannten Kulturwelt gibt. Dabei haben die Posten die Flinten so locker sitzen, daß es permanent um einen knallt, jeden Abend roter Himmel, wo in der Umgegend gebrannt wird. Und wie das Nest heißt ist ganz gleichgültig; wo ein Europäer angefallen wird, ist das ganze Dorf dem Tod geweiht und nicht ein Stein bleibt auf dem anderen. [...]

Vorgestern war bei Peking wieder ne kleine Schlacht von uns Deutschen, 3 Seesoldaten tot, zwei Off. verwundet, circa 1000 Boxer vernichtet.

Paoting 23.3.1901

Meine liebe Mutter! [...]

Hier ist es durchaus friedlich. Vorige Woche haben die chinesischen regulären Truppen mit ca. 5000 Mann aus wohlbefestigter Stellung uns verärgern wollen; sie sind aber von ein paar hundert Mann und zwei Geschützen derart verhauen worden, dass sie ca. 400 Tode [sic] liegen ließen, während bei uns ein Mann leicht verwundet wurde. Du siehst, wie ungefährlich der »Krieg!« ist. Soeben begegnete ich einer Kompagnie, die nach zwei verschwundenen Leuten, die spazieren gegangen waren, suchten. Sie fanden sie mit eingeschlagenen Schädeln in einem Dorfe und brachten 41 gefangene Ortsbewohner mit, die wohl alle hingerichtet werden. Bei mir sind die umliegenden Dörfer alle sehr ordentlich, bringen mir freiwillig Futter für die Pferde, aus Dankbarkeit, daß sie ihre Äcker behalten dürfen.

D: Zit. nach: Thomas Lange: Traumreiche – Der hessische Offizier Ludwig von Ploennies und China. In: Archiv für hessische Geschichte N. F. 67 (2009) S. 198–230, hier: S. 226 f. (Briefe: Hessisches Staatsarchiv Darmstadt, O 59 v. Ploennies Nr. 10.)

15
»Die Welt muss sicher gemacht werden [...] für jede friedliebende Nation« (Woodrow Wilson, 1918)

Vierzehn-Punkte Programm des Präsidenten der USA für die Beendigung des Ersten Weltkriegs (8. Januar 1918).

Wir traten in diesen Krieg ein, da Rechtsverletzungen vorgekommen waren, die uns aufs tiefste kränkten und unserm Volke das Leben zu einer Unmöglichkeit gestalteten, bevor sie nicht wiedergutgemacht waren und die Welt ein für allemal gegen deren Wiederholung gesichert war. Wir beanspruchen daher in diesem Kriege nichts Besonderes für uns selbst. Die Welt muß nur tauglich und sicher gemacht werden, um in ihr leben zu können; und besonders muß sie für jede friedliebende Nation, gleich der unsern, sicher gemacht werden, die ihr eigenes Leben zu leben, ihre eigenen Einrichtungen zu bestimmen wünscht. Gerechtigkeit und faires Handeln der anderen Völker der Welt müssen gegen Gewalt und selbstsüchtigen Angriffsgeist gesichert werden. Sämtliche Völker sind in Wahrheit Genossen in diesem Interesse, und wir unsererseits erkennen mit äußerster Klarheit, daß, wenn anderen keine Gerechtigkeit gewährt wird, sie auch uns nicht gewährt werden kann. Das Programm des Weltfriedens ist daher unser Programm, und dieses Programm, das einzig mögliche Programm, wie wir es sehen, lautet: [...]

II. Absolute Freiheit der Schiffahrt auf der See außerhalb der territorialen Gewässer sowohl im Frieden wie im Kriege, außer, wenn die See ganz oder teilweise auf Grund internationalen Vorgehens zur Erzwingung internationaler Verträge gesperrt wird.

III. Soweit als möglich die Aufhebung sämtlicher wirtschaftlicher Schranken und die Festsetzung gleichmäßiger Handelsbedingungen zwischen sämtlichen Nationen, die dem Frieden zustimmen und sich zu seiner Aufrechterhaltung vereinigen. [...]

V. Eine freie, offenherzige und absolut unparteiische Ordnung aller kolonialen Ansprüche, gegründet auf strenge Beachtung des Prinzips, dass bei Bestimmung aller derartiger Fragen der Souveränität das Interesse der betreffenden Bevölkerung gleiches Gewicht haben muß wie die billigen Ansprüche der Regierung, deren Rechtstitel festgesetzt werden soll. [...]

XIV. Eine allgemeine Gesellschaft der Nationen muß auf

Grund eines besonderen Bundesvertrages gebildet werden zum Zweck der Gewährung gegenseitiger Garantien für politische Unabhängigkeit und territoriale Integrität in gleicher Weise für die großen und kleinen Staaten. In bezug auf diese notwendige Berichtigung von Unrecht und Sicherung des Rechts betrachten wir uns als intime Genossen sämtlicher Regierungen und Völker, die sich gegen die Imperialisten zusammengeschlossen haben. Es gibt für uns keine Sonderinteressen oder andersartige Ziele. Bis zum Ende stehen wir zusammen.

D: Woodrow Wilson: Memoiren und Dokumente über den Vertrag zu Versailles anno MCMXIX. Bd. 3. Hrsg. von Ray Stannard Baker. Übers. von Curt Thesing. Leipzig: List, 1923. S. 40–42.

16
»Euch aber, meine dunklen Brüder, nennt niemand« (Léopold Sédar Senghor, 1938)

Der senegalesische Dichter und Politiker Léopold Sédar Senghor (1906–2001), seit 1935 Gymnasiallehrer in Frankreich, erinnerte mit diesem Gedicht an die rund 500 000 Afrikaner, die im Ersten Weltkrieg in der französischen Armee dienten.

Den für Frankreich gefallenen Senegalschützen

Da ist die Sonne
Sie spannt den Jungfraun die Brüste
Sie läßt auf den grünen Bänken die Greise lächeln
Sie würde unter der Muttererde die Toten wecken.

Ich höre Kanonenlärm – kommt der aus Irun? Man schmückt die Gräber mit Blumen, man wärmt den unbekannten Soldaten auf.
Euch aber, meine dunklen Brüder, nennt niemand.
Man verheißt Fünfhunderttausenden euerer Kinder den Ruhm zukünftiger Toter, dankt ihnen im voraus, den künftigen dunklen Toten
Die Schwarze Schande![6]

Hört mich, Senegalschützen, in der Einsamkeit der schwarzen Erde und des Todes
In euerer Einsamkeit ohne Augen und Ohren, einsamer noch als ich in meiner dunklen Haut in der tiefsten Provinz
Ohne die Wärme sogar eurer Kameraden, die bei euch liegen wie einst im Schützengraben, wie einst beim Dorfpalaver,
Hört mich, ihr Schwarzhautschützen, wenn ihr auch ohrenlos augenlos dreifach gehüllt seid in Nacht.

Wir haben keine Klageweiber gemietet, auch nicht die Tränen euerer früheren Frauen
– Sie erinnern sich nur noch an euere Zornausbrüche und ziehen die Glut der Lebendigen vor.
Zu schrill die Klagen der Klageweiber,
Zu schnell getrocknet die Wangen eurer Frauen wie in der Trockenzeit die Bäche des Futa,
Die heißesten Tränen zu hell und zu schnell aufgetrunken im Winkel vergeßlicher Lippen.

6 Deutsch im Original; Anspielung auf die Diskriminierung afrikanischer Besatzungssoldaten in Deutschland.

Wir bringen euch – hört uns, uns die wir eure Namen
herbuchstabierten in den Monaten, da ihr starbt –
Wir bringen euch in diesen Tagen alles vergessender Angst
die Freundschaft euerer Altersgenossen.
Ach könnte ich nur eines Tages mit glutroter Stimme,
könnte ich doch
Die Freundschaft der Kameraden besingen, brennend wie
Eingeweide, zart und stark wie Sehnen.
Hört uns, ihr Toten, dahingestreckt im Gewässer unter
den Steppen des Nordens und Ostens.
Nehmt hin diese rote Erde, unter der Sommersonne
nehmt hin die vom Blut weißer Hostien gerötete Erde,
Nehmt hin den Gruß eurer schwarzen Gefährten, ihr
Senegalschützen,

GEFALLEN FÜR FRANKREICH![7] Tours 1938

D: Léopold Sédar Senghor: Botschaft und Anruf. Sämtliche Gedichte. Frz./Dt. Aus dem Frz. übers. und hrsg. von Jahnheinz Jahn. München: Hanser, 1963. S. 100 f. – © Carl Hanser Verlag München 1963.

17
»Die eigenen Angelegenheiten unter Leitung einer kontrollierenden Macht regeln« (Frederick D. Lugard, 1922)

Frederick D. Lugard (1858–1945), Generalgouverneur von Nigeria 1912–19, formulierte Prinzipien der indirekten Herrschaft.

7 Im französischen Original: MORTS POUR LA RÉPUBLIQUE!

[Die Maßnahmen, um Freiheit und Fortschritt als Ziele kolonialer Herrschaft zu erreichen,] schließen solche Fragen ein wie die der Herrschaftsmethoden, die Anführern und Volk den weitesten Spielraum einräumen, ihre eigenen Angelegenheiten unter Leitung der kontrollierenden Macht zu regeln; die Einrichtung von unbestechlichen Gerichtshöfen, die allen zugänglich sind; die Förderung der Erziehung und ihre Anpassung an die Bedürfnisse und Lebensumstände des Volkes; Sklaverei und die Einrichtung eines freien Arbeitsmarktes; die Schaffung eines Steuersystems, das so wenig beschwerlich wie möglich ist und die Bauern vor Steuereintreibungen der Mächtigen schützt; Landbesitz; Branntweinhandel und ähnliche Probleme. [...] Aber wenn der Maßstab, dem der weiße Mann folgt, wenn er mit unzivilisierten Rassen zu tun hat, hoch sein muss im Interesse seines eigenen moralischen und geistigen Gleichgewichts, so ist das ebenso notwendig um des Einflusses willen, den er auf die ausübt, die unter seiner Autorität stehen. Das Prestige des weißen Mannes muss sehr hoch sein, wenn eine kleine Gruppe verantwortlich ist für Kontrolle und Leitung von Millionen. Sein Mut darf nicht angezweifelt werden, sein Wort und seine Versprechen müssen gelten, seine Aufrichtigkeit sichtbar sein. [...] Europäisierte Afrikaner repräsentieren keinen Stamm oder keine Gemeinschaft, sondern bilden eine besondere Klasse in den wichtigen Städten der [afrikanischen] Westküste, wo sie als sich unterscheidende Minderheit in einer analphabetischen, auf der Entwicklungsstufe von Stämmen sich befindlichen Bevölkerung leben, in einer für Menschen von Erziehung und Kultur trübseligen Umgebung. Sie können zum einen oder anderen der benachbarten Stäm-

me gehören und ihre Sprache sprechen, oder sie können, wie in Sierra Leone, Nachfahren befreiter Sklaven sein, die keiner afrikanischen Sprache mächtig sind. Einzelne schließen ihre Ausbildung in England ab und kehren als Geistliche, Anwälte, Ärzte und Journalisten zurück. [...] Der gebildete Afrikaner imitiert europäische Kleidung und Gewohnheiten, auch wenn sie schlecht zu seinen Lebensbedingungen passen. [...] Er hat wenig mit den eingeborenen Stämmen Afrikas gemeinsam und verlässt selten seine Heimatstadt, außer um mit Schiff oder Bahn zu reisen. Der europäisierte Afrikaner ist vom Rest des Volkes durch einen Abgrund getrennt, den keine ethnische Gemeinsamkeit überbrücken kann.

[...] Der Inder [dagegen] übte in der Regel nicht-handwerkliche Berufe in Justiz, Journalismus und Erziehung aus, in denen der Wert der Sprache größere Bedeutung besitzt, und er ist erst in letzter Zeit ermutigt worden, Vermögen durch Anwendung seines Wissens in Industrieunternehmen zu erwerben. Aber der fortschrittliche Inder, wie sehr er sich auch in seiner Gedankenwelt vom Volk unterscheiden mag, spricht dennoch dessen Sprache, teilt dessen Gewohnheiten und Religion und kennt das Land.

D: Frederick D. Lugard: The Dual Mandate in British Tropical Africa. Edinburgh and London 1922. S. 58 f., 80 f. [Übers.: Thomas Lange.]

18

»Die absolute, physische, politische und soziale Gleichheit der Rassen ist der Grundstein des Weltfriedens« (W. E. B. Du Bois, 1921)

William Edward Burghard Du Bois (1868–1963) aus Massachusetts promovierte als erster Schwarzer in den USA; Schriftsteller und Politiker, Mitgründer der National Association for the Advancement of Colored People (NAACP). Organisierte 1921 in London und Paris den Zweiten Panafrikanischen Kongress, an dem Delegierte schwarzer Hautfarbe aus den britischen und französischen Kolonien sowie aus den USA, England, Frankreich, Belgien und Portugal teilnahmen.

An die Welt. Manifest des Zweiten Panafrikanischen Kongresses (1921)

Die absolute, physische, politische und soziale Gleichheit der Rassen ist der Grundstein des Weltfriedens und des menschlichen Fortschritts. Niemand bestreitet große Unterschiede an Begabung, Fähigkeiten und Kenntnissen unter den Angehörigen aller Rassen, aber die Stimme von Wissenschaft, Religion und praktischer Politik leugnet eine von Gott festgelegte Existenz von Herrenrassen oder von solchen, die von Natur zwangsläufig und in alle Ewigkeit minderwertig sind. […]

Nachdem die Vereinigten Staaten von Amerika brutal Millionen schwarzer Menschen versklavt hatten, befreiten sie sie unverhofft und begannen, sie auszubilden; aber sie handelten ohne System und Vorbedacht. […] Um die eigene Regierung zu retten, gaben sie den Negern Bürgerrechte, und wenn die Gefahr vorbei war, sahen sie zu, wie Hunderttausende von Schwarzen völlig gesetzlos [wieder] entrechtet und einem Kastensystem unterworfen wurden; zur gleichen Zeit, so z. B. 1776, 1812, 1861, 1897 und 1917, forderten und gestatteten sie Tausenden schwarzer Männer ihr Leben für das Land zu opfern, das sie verachtet hatte und noch verachtet. [...]

Die schwarze Rasse fordert durch ihre intellektuellen Vordenker:

I. Die Anerkennung zivilisierter Menschen als Zivilisierte, ungeachtet ihrer Rasse oder Hautfarbe.
II. Für unterentwickelte Bevölkerungsgruppen lokale Selbstverwaltung, die allmählich, sobald Erfahrung und Wissen zunehmen, zur vollständigen Selbstverwaltung in den Grenzen eines sich selbst regierenden Volkes führt.
III. Ausbildung zur Kenntnis seiner selbst, zu wissenschaftlicher Wahrheit und industrieller Technik, ohne dies von den schönen Künsten zu trennen.
IV. Freiheit in der Ausübung der eigenen Religion und gesellschaftlicher Bräuche.
V. Zusammenarbeit mit dem Rest der Welt in Regierung, Industrie und Kunst auf der Basis von Gerechtigkeit, Freiheit und Frieden.
VI. Das hergebrachte gemeinschaftliche Eigentum am Boden und seinen natürlichen Produkten, Schutz gegen ungebändigte Gier von Kapitalinvestoren.
VII. Die Errichtung einer internationalen Institution beim Völkerbund zum Studium der Probleme der Neger.

VIII. Die Einrichtung einer internationalen Abteilung beim Arbeitsbüro der Vereinten Nationen, die beauftragt wird mit dem Schutz der einheimischen Arbeit.

D: W. E. B. Du Bois: To the World. Manifesto of the Second Pan-African Congress. In: The Crisis. A Record of the Darker Races. Bd. 23. Nr. 1. November 1921. S. 5–10. [Übers.: Thomas Lange.]

19
»Kein Nicht-Chinese hat ein Recht zur Kontrolle chinesischer Angelegenheiten« (Liang Qichao, 1922)

Der chinesische Gelehrte, Journalist und Reformer Liang Qichao (1873–1929) beschrieb Anfang der 1920er Jahre die Entwicklung Chinas seit dem gescheiterten Reformversuch von 1898.

Wenn wir unsre letzten fünfzig Jahre überschauen und sie mit den letzten fünfzig Jahren in anderen Ländern vergleichen, sollten wir schamrot werden. Blicken wir uns um: Was haben die USA in fünfzig Jahren getan? Was hat Japan in diesen fünfzig Jahren getan? Was hat Deutschland in diesen fünfzig Jahren getan und was hat Russland in diesen fünfzig Jahren getan? Obwohl ihre politischen Erfolge und Fehlschläge nicht gleich waren, ebenso wenig wie ihre Leiden und ihr Glück, was auch für ihr akademisches und wissenschaftliches Denken gilt, kann doch alles in allem als täglicher Fortschritt von tausend »li« [Längenmaß, ca. 500 m] betrachtet werden. Sogar England, Frankreich und andere alte Nationen – welche bewegt sich nicht wie im Fluge vorwärts? [...]

Grundsätzlich wird die Regierung durch die Meinung des Volkes gebildet. Nicht nur die demokratische Regierung baut auf den Meinungen großer Teile des Volkes auf, sogar Diktaturen und Oligarchien werden gestützt von vielen Meinungen aus dem Volk. Jede Art von Regierung benötigt die aktive Unterstützung oder wenigstens die schweigende Zustimmung aus dem Volk, um existieren zu können. Daher ist das Wachwerden unserer Bürger gegenüber der Regierung die zentrale Quelle des politischen Fortschritts. Von der aktuellen Politik im China der letzten fünfzig Jahre kann man sagen, dass sie rückschrittlich und nicht fortschrittlich war; aber vom Selbstgefühl der Bürger her kann man sagen, dass die Absicht von Tag zu Tag klarer geworden ist und vor allem sich ausgeweitet hat. Bewusstsein unserer selbst: wessen sind wir uns bewusst?

Zuerst sind wir uns dessen bewusst, dass kein Nicht-Chinese ein Recht zur Kontrolle chinesischer Angelegenheiten hat.

Zweitens sind wir uns bewusst, dass alle Chinesen das Recht haben, ihre Angelegenheiten selbst zu regeln. [...]

Zusammengefasst: Ich sehe die politische Zukunft Chinas optimistisch. Mein Optimismus ist jedoch aus dem Pessimismus des normalen Volkes erwachsen. Ich fühle, dass China in den letzten fünfzig Jahren einem Seidenwurm glich, der zur Motte wurde, oder einer Schlange, die ihre Haut gewechselt hat. Das sind natürlich schwierige und schmerzhafte Prozesse. Wie können sie möglichst einfach vollendet werden? Nur, wenn es biologisch möglich ist, während des nötigen Wandels oder Neuanfangs zu funktionieren, und wenn psychologisch das Bewusstsein der Notwendigkeit von Wandel und Neuanfang vorhanden ist, nachdem wir den unvermeidlichen und schwierigen Prozess durchlaufen haben, wird in der Zukunft eine andere Welt entstehen. Ich fühle daher, während jeder die Überzeugung haben mag, dass unser politisches Leben sich zurückentwickelt, dass die Möglichkeit seiner Vorwärtsentwickelung sehr groß ist.

D: Liang Chi'-ch'ao: Review of China's Progress. 1922. Zit. nach: Ssu-yü Teng / John K. Fairbank: China's Response to the West. A Documentary Survey 1839–1923. Cambridge (Mass.): Harvard University Press. 1982. S. 267, 272 f. [Übers.: Thomas Lange.]

20
»Wir glauben, dass Indien völlige Unabhängigkeit erlangen muss« (Jawaharlal Nehru, 26. Januar 1930)

Der indische Politiker Jawaharlal Nehru (1889–1964; seit 1947 erster Ministerpräsident Indiens) formulierte dieses Gelöbnis zum Erreichen der Unabhängigkeit Indiens für die indische Kongress-Partei.

Wir glauben, daß das indische Volk wie jedes andere das unabdingbare Recht besitzt, frei zu sein, die Früchte seiner Arbeit zu genießen und alles für den Lebensunterhalt Nötige zu haben, damit es sich uneingeschränkt entwickeln könne. Wir glauben ferner, daß dieses Volk, wenn eine Regierung es seiner Rechte beraubt und es unterjocht, ein weiteres Recht hat, diese Regierungsform zu ändern oder abzuschaffen. Die britische Regierung in Indien hat das indische Volk nicht nur seiner Freiheit beraubt, sondern sich selbst durch die Ausbeutung der Massen erniedrigt und Indien wirtschaftlich, politisch und kulturell und geistig zugrunde gerichtet. Wir glauben daher, daß Indien die Verbindung mit Großbritannien lösen und *Purna Swarai* oder völlige Unabhängigkeit erlangen muß.

Indien ist wirtschaftlich zugrunde gerichtet worden. Die Staatseinkünfte, die von unserem Volke erhoben werden, stehen außer jeglichem Verhältnis zu unserem Volkseinkommen. [...]

Dörfliche Industrien, wie die Handspinnerei, sind vernichtet worden [...].

Zölle und die Währung sind auf eine Weise gehandhabt worden, daß die Bauernschaft weitere Lasten auf sich nehmen mußte. Die Hauptmasse unserer Einfuhr bilden Waren, die in Großbritannien hergestellt werden. Die Zollabgaben verraten offene Parteilichkeit für die britischen Fabrikanten, und die Zolleinkünfte werden nicht verwendet, um die Lasten, die auf den Massen ruhen, zu mindern, sondern um einen höchst aufgeblähten Verwaltungsapparat aufrechtzuerhalten. Noch willkürlicher wurde das Wechselkursverhältnis gehandhabt. Auf diese Art gingen dem Lande Millionenbeträge verloren.

Politisch ist Indiens Zustand noch nie so tief gesunken wie unter britischer Herrschaft. Es gab keine Reformen, die dem Volke wirkliche politische Macht brachten. Auch die höchsten unter uns müssen sich vor fremder Obrigkeit beugen. Die Rechte der freien Meinungsäußerung und des freien Zusammenschlusses sind uns vorenthalten worden, und viele unserer Landsleute sind gezwungen, in der Verbannung im Auslande zu leben, und können nicht zu ihren Heimstätten zurückkehren. Jedes administrative Talent wird abgetötet, und die Massen müssen sich mit untergeordneten dörflichen Ämtern und Angestelltenstellen zufriedengeben.

Kulturell hat uns das Erziehungssystem unserm Mutterboden entrissen, und man lehrte uns, die Ketten, die uns binden, zu hätscheln. [...]

Wir erachten es als ein Verbrechen gegen die Menschheit und Gott, uns weiterhin einer Macht zu unterwerfen, die dieses vierfache Unheil über unser Land gebracht hat. Wir erkennen indessen, daß die wirksamste Art, unsere Freiheit wiederzugewinnen, nicht auf dem Weg der Gewalt liegt. Wir werden uns daher vorbereiten, soweit wir es vermögen, indem wir uns von jeglicher freiwilligen Zusammenarbeit mit der britischen Regierung zurückziehen und uns auf den zivilen Ungehorsam, einschließlich der Zahlungsverweigerung der Steuern, einstellen. Wir sind überzeugt, daß wir lediglich durch den Entzug freiwilliger Hilfe und durch Einstellung der Steuerzahlung ohne Gewaltanwendung, selbst bei Herausforderung, das Ende dieser unmenschlichen Herrschaft gewährleisten können. Hiermit verpflichten wir uns also feierlich, die Anweisungen des Kongresses zu befolgen, die von Zeit zu Zeit herausgegeben werden, um das *Purna Swarai* zu erlangen.

D: Jawaharlal Nehru: Indiens Weg zur Freiheit. Frankfurt a. M.: Europäische Verlagsanstalt, 1957. Aus dem Engl. übers. [Original: An Autobiography. 1936.] S. 613 f.

21
»Die Kolonisation entzivilisiert den Kolonisator« (Aimé Césaire, 1955)

Aimé Césaire (1913–2008), Dichter und Politiker aus Martinique, Abgeordneter der französischen Nationalversammlung, begründete mit Léopold Sédar Senghor das Konzept der »Négritude«.

Man müßte zunächst untersuchen, wie die Kolonisation daran arbeitet, den Kolonisator zu *entzivilisieren*, ihn im wahren Sinne des Wortes zu *verrohen*, ihn zu degradieren, verschüttete Instinkte, die Lüsternheit, die Gewalttätigkeit, den Rassenhaß, den moralischen Relativismus in ihm wachzurufen – und zeigen, daß jedesmal, wenn in Vietnam ein Kopf abgeschlagen und ein Auge ausgestochen wird und in Frankreich nimmt man das hin, ein Kind vergewaltigt wird und in Frankreich nimmt man das hin, ein Madegasse hingerichtet wird und in Frankreich nimmt man das hin, daß damit die Zivilisation eine Erfahrung macht, die wiegt, daß eine universale Regression stattfindet, ein Krebsgeschwür sich einnistet, ein Infektionsherd sich ausbreitet, und daß am Ende all dieser Vertragsbrüche, all dieser Lügenpropaganda, all dieser geduldeten Strafexpeditionen, all dieser gefesselten und »verhörten« Gefangenen, all dieser gefolterten Patrioten, daß am Ende dieses angefachten Rassenhochmuts; dieser zur Schau gestellten Prahlerei das Gift in die Adern Europas infiltriert ist und die langsame, doch sichere Verwilderung des Kontinents ihren Lauf nimmt. [...]

Ja, es wäre der Mühe wert, [...] dem ach so distinguierten,

ach so humanen, ach so christlichen Bürger des zwanzigsten Jahrhunderts mitzuteilen, daß er in sich einen Hitler trägt, von dem er nichts weiß, [...] daß im Grunde das, was er Hitler nicht verzeiht, nicht das *Verbrechen* an sich, *das Verbrechen am Menschen*, daß es nicht *die Erniedrigung des Menschen an sich*, sondern daß es das Verbrechen gegen den weißen Menschen ist, daß es die Demütigung des Weißen ist und die Anwendung kolonisatorischer Praktiken auf Europa, denen bisher nur die Araber Algeriens, die Kulis in Indien und die Neger Afrikas ausgesetzt waren. [...]

Man wirft mir Fakten an den Kopf, Statistiken, Kilometerzahlen von Straßen, Kanälen, Eisenbahnen.

Ich spreche von Tausenden hingeopferter Menschen für den Bau der Eisenbahn Kongo – Ozean. Ich spreche von jenen, die zur Stunde, da ich dies schreibe, mit bloßen Händen den Hafen von Abidjan ausheben. Ich spreche von Millionen Menschen, die man ihren Göttern, ihrer Erde, ihren Sitten, ihrem Leben, dem Leben, dem Tanz, der Weisheit entriß. Ich spreche von Millionen Menschen, denen man geschickt das Zittern, den Kniefall, die Verzweiflung, das Domestikentum eingeprägt hat.

Man präsentiert mir Schiffsladungen von Baumwoll- und Kakaoexporten, Hektare von angepflanzten Ölbäumen und Weinstöcken.

Ich aber spreche von natürlichen *Wirtschaftsstrukturen*, von harmonischen und lebensfähigen *Wirtschaftsstrukturen*, von dem Eingeborenen angemessenen *Wirtschaftsstrukturen*, die zerrüttet wurden, von chronischer Unterernährung, von einer landwirtschaftlichen Entwicklung, die einzig den Interessen der Metropolen dient, vom Raubbau an Erzeugnissen, Raubbau an Grundstoffen. [...]

Meine Sache ist die uneingeschränkte Apologie der außereuropäischen Zivilisationen.

Jeder Tag, der vergeht, jede Rechtsbeugung, jede Polizeiknüppelaktion, jede in Blut ertränkte Arbeiterforderung, jeder unterdrückte Skandal, jede Strafexpedition, jeder Polizeiwagen, jeder Polizist und jeder Milizsoldat läßt uns den Wert unserer alten Gesellschaften fühlen.

Es waren Gesellschaften, die zum Wohle aller funktionierten, nicht zum Wohle einiger weniger durch alle.

Es waren Gesellschaften, die nicht nur, wie es heißt, vorkapitalistisch, sondern die auch antikapitalistisch waren.

Es waren stets demokratische Gesellschaften.

Es waren kooperative Gesellschaften, brüderliche Gesellschaften. [...]

D: Aimé Césaire: Über den Kolonialismus. Übers. von Monika Kind. Berlin: Wagenbach, 1968. [Original: Discours sur le Colonialisme. 1950.] S. 10–12, 23–25. –

22
»Anerkennung des leidenschaftlichen Verlangens aller abhängigen Völker nach Freiheit«
(Generalversammlung der Vereinten Nationen, 1960)

Erklärung über die Gewährung der Unabhängigkeit an koloniale Länder und Völker (1960) – Resolution 1514 (XV) der Generalversammlung der Vereinten Nationen vom 14. Dezember 1960. Angenommen ohne Gegenstimmen, bei Enthaltung von neun Staaten, darunter Frankreich, Großbritannien, USA, Südafrika und Portugal.

Die Generalversammlung,

- im Bewußtsein der von den Völkern der Welt in der Charta der Vereinten Nationen verkündeten Entschlossenheit, den Glauben an die Grundrechte des Menschen, an Würde und Wert der menschlichen Persönlichkeit, an die Gleichberechtigung von Mann und Frau und von allen Nationen, ob groß oder klein, erneut zu bekräftigen sowie den sozialen Fortschritt und einen besseren Lebensstandard in größerer Freiheit zu fordern,
- im Bewußtsein der Notwendigkeit, die Voraussetzungen für Beständigkeit und Wohlfahrt sowie für friedliche und freundschaftliche, auf der Achtung vor dem Grundsatz der Gleichberechtigung und Selbstbestimmung aller Völker beruhende Beziehungen zu schaffen und die allgemeine und wirksame Achtung und Beachtung der Menschenrechte und Grundfreiheiten zugunsten aller ohne Unterschied der Rasse, des Geschlechts, der Sprache oder der Religion zu erreichen,
- in Anerkennung des leidenschaftlichen Verlangens aller abhängigen Völker nach Freiheit sowie der ausschlaggebenden Rolle dieser Völker bei der Erlangung ihrer Unabhängigkeit,
- in Anbetracht der zunehmenden Konflikte, die aus der Verweigerung oder Behinderung des Freiheitsstrebens dieser Völker herrühren und die den Weltfrieden ernsthaft bedrohen, [...]
- in der Überzeugung, daß das Fortbestehen des Kolonialismus die Entwicklung der internationalen wirtschaftlichen Zusammenarbeit hemmt, die soziale, kulturelle und wirtschaftliche Entwicklung der abhängigen Völker behindert und dem Ideal der Vereinten Natio-

nen von einem weltumfassenden Frieden entgegenwirkt,

- in Bekräftigung der Auffassung, daß die Völker zu ihren eigenen Zwecken frei über ihre natürlichen Reichtümer und Ressourcen verfügen können, unbeschadet der Verpflichtungen, die aus der internationalen wirtschaftlichen, auf dem Grundsatz beiderseitigen Nutzens beruhenden Zusammenarbeit und aus dem Völkerrecht erwachsen,
- in der Überzeugung, daß der Befreiungsvorgang unwiderstehlich und unwiderruflich ist und daß, um ernste Krisen zu vermeiden, dem Kolonialismus und allen mit ihm verwandten Methoden der Segregation und Diskriminierung ein Ende gesetzt werden muß,
- in Anerkennung der Tatsache, daß eine große Zahl abhängiger Gebiete Freiheit und Unabhängigkeit in den letzten Jahren erlangt hat, und in Erkenntnis der immer stärker werdenden Bestrebungen nach Freiheit in solchen Gebieten, welche die Unabhängigkeit noch nicht erreicht haben, [...]

verkündet feierlich die Notwendigkeit, den Kolonialismus in allen Erscheinungsformen schnell und bedingungslos zu beenden,

und

erklärt zur Erreichung dieses Zieles:

1. Die Unterwerfung von Völkern unter fremde Unterjochung, Herrschaft und Ausbeutung stellt eine Verleugnung der Grundrechte des Menschen dar, steht der Charta der Vereinten Nationen entgegen und behindert die Förderung von Frieden und Zusammenarbeit in der Welt.

2. Alle Völker haben das Recht auf Selbstbestimmung; kraft dieses Rechts bestimmen sie frei ihren politischen Status und streben frei nach wirtschaftlicher, sozialer und kultureller Entwicklung.
3. Unzulängliche politische, wirtschaftliche, soziale und bildungsmäßige Vorbereitung darf niemals als Vorwand zur Verzögerung der Unabhängigkeit dienen.
4. Alle bewaffneten Aktionen und Unterdrückungsmaßnahmen, gleich welcher Art, gegen abhängige Völker sind einzustellen, um ihnen die friedliche und freie Verwirklichung ihres Rechts auf volle Unabhängigkeit zu ermöglichen; die Unantastbarkeit ihres nationalen Territoriums ist zu achten. [...]

D: Zit. nach: Bundeszentrale für politische Bildung: Menschenrechte. Dokumente und Deklarationen. Bonn [4]2004. S. 228. (Schriftenreihe. 397.) Vereinte Nationen 33 (1985) 5–6. S. 172.

23
»Bedingungslose Unterstützung des Befreiungskampfes der Völker« (Frantz Fanon, 1961)

Der aus Martinique stammende Arzt und Psychologe Frantz Fanon (1925–1961) leitete ab 1953 die psychiatrische Abteilung eines algerischen Krankenhauses. Dort wurde er mit Opfern und Tätern von Folter konfrontiert und schloss sich dem algerischen Unabhängigkeitskampf (1954–62) an.

Auch der Kolonialismus hat in seinen Bemühungen, die autochthone Kultur abzuwerten, nicht differenziert, er hat nur immer wieder behauptet, daß der Neger ein Wilder sei, und der Neger war für ihn weder der Angolese noch der Nigerier: er sprach stets nur vom Neger. Für den Kolonialismus war dieser weite Kontinent eine Höhle von Wilden, ein von Aberglauben und Fanatismus verpestetes Land, der Verachtung preisgegeben, vom Fluch Gottes heimgesucht: ein Land von Menschenfressern und Negern. Die Verurteilung ist kontinental. Die Behauptung des Kolonialismus, die vorkoloniale Periode sei von Menschheitsnacht beherrscht gewesen, betrifft die Gesamtheit des afrikanischen Kontinents. [...]

Wenn der Neger, der niemals so sehr Neger gewesen ist wie seit seiner Beherrschung durch den Weißen, eine Kultur zu schaffen, Kultur zu beweisen beschließt, erkennt er, daß die Geschichte ihm ein genau abgestecktes Terrain anweist, ihm einen genau vorgeschriebenen Weg zeigt, und daß er eine Negerkultur zum Ausdruck bringen muß.

Und man kann nicht leugnen, daß die Hauptverantwortlichen für diese Rassisierung des Denkens oder zumindest der Denkweisen die Europäer sind und bleiben, die unablässig die weiße Kultur den anderen Unkulturen gegenübergestellt haben. [...]

Auch das Beispiel der arabischen Welt könnte hier angeführt werden. Die Mehrzahl der arabischen Territorien stand ja ebenfalls unter Kolonialherrschaft. Der Kolonialismus hatte in diesen Gebieten die gleiche Anstrengung gemacht, um den Eingeborenen einzuhämmern, ihre vorkoloniale Geschichte sei eine Barbarei gewesen. Der nationale Befreiungskampf war von einer kulturellen Erscheinung begleitet, die als Wiedererweckung des Islam bekannt ist. Die Leidenschaft, mit der die heutigen arabischen Autoren ihr Volk an die großen Zeiten der arabischen Geschichte erinnern, ist eine Antwort auf die Lügen des Okkupanten. Die großen Namen der arabischen Literatur traten wieder ins Bewußtsein, und die Vergangenheit der arabischen Kultur wurde mit der gleichen Besessenheit, mit dem gleichen Feuereifer gefeiert wie die der afrikanischen Kulturen. [...]

Die Neger der Vereinigten Staaten, Mittel- und Südamerikas hatten tatsächlich das Bedürfnis, sich an eine kulturelle Stammutter zu klammern. Ihre Probleme waren nicht grundsätzlich unterschieden von denen der Afrikaner. Die amerikanischen Weißen haben sich ihnen gegenüber nicht anders aufgeführt, als es die Weißen in Afrika taten. [...] Aber nach und nach haben die amerikanischen Neger gemerkt, daß ihre existentiellen Probleme sich nicht mit denen der afrikanischen Neger deckten. [...] Die »Autobusse der Freiheit«, in denen amerikanische Schwarze und Weiße versuchen, die Rassendiskriminierung aufzuheben, haben in ihrem Prinzip und in ihren Zielen wenig gemeinsam mit dem heldenhaften Kampf des angolesischen Volkes gegen den abscheulichen portugiesischen Kolonialismus. [...]

Die negro-afrikanische Kultur verdichtet sich um den Kampf der Völker und nicht um Gesänge, Gedichte oder um Folklore. Senghor, der Mitglied der *Société Africaine de Culture* ist und mit uns an der Frage der afrikanischen Kultur zusammengearbeitet hat, hat sich ebenfalls nicht gescheut, seiner Delegation die Weisung zu geben, die französischen Thesen über Algerien zu unterstützen. Die Zugehörigkeit zur negro-afrikanischen Kultur, zur kulturellen Einheit Afrikas besteht zunächst in einer bedingungslosen Unterstützung des Befreiungskampfes der Völker. Man kann nicht die Ausbreitung der afrikanischen Kultur wollen, wenn man nicht konkret zur Existenz der Bedingungen dieser Kultur beiträgt, das heißt zur Befreiung des Kontinents.

D: Frantz Fanon: Die Verdammten dieser Erde. Frankfurt a. M: Suhrkamp, 1967. Übers. von Traugott König. [Frz. Original: Les Damnés de la Terre. 1961.] S. 162 f., 165, 180. –

Literaturhinweise

Bechhaus-Gerst, Marianne / Mechtild Leutner (Hrsg.): Frauen in den deutschen Kolonien. Berlin 2009.
Chakrabarty, Dipesh: Europa als Provinz. Perspektiven postkolonialer Geschichtsschreibung. Aus dem Engl. übers. von Robin Crackett. Frankfurt a. M. 2010.
Conrad, Sebastian: Globalisierung und Nation im Deutschen Kaiserreich. München 2006.
– Deutsche Kolonialgeschichte. München 2008.
Cooper, Frederick: Kolonialismus denken. Konzepte und Theorien in kritischer Perspektive. Übers. von Reinhart Kößler und Rohland Schuknecht. Frankfurt a. M. 2012.
Eckert, Andreas: Kolonialismus. Frankfurt a. M. 2006.
Gründer, Horst: Geschichte der deutschen Kolonien. Paderborn [u. a.] [6]2012.
Heyden, Ulrich van der / Zeller, Joachim (Hrsg.): Kolonialismus hierzulande. Eine Spurensuche in Deutschland, Erfurt 2007.
– / Andreas Feldtkeller (Hrsg.): Missionsgeschichte als Geschichte der Globalisierung von Wissen. Stuttgart 2012.
Jansen, Jan C. / Osterhammel, Jürgen: Dekolonisation. Das Ende der Imperien. München 2013.
Klein, Thoralf / Schumacher, Frank (Hrsg.): Kolonialkriege. Militärische Gewalt im Zeichen des Imperialismus. Hamburg 2006.
Kraft, Claudia / Lüdtke, Alf / Martschukat, Jürgen (Hrsg.): Kolonialgeschichten. Regionale Perspektiven auf ein globales Phänomen. Frankfurt a. M. 2010.
Kundrus, Brithe: Moderne Imperialisten. Das Kaiserreich im Spiegel seiner Kolonien. Köln [u. a.] 2003.
Laak, Dirk van: Über alles in der Welt. Deutscher Imperialismus im 19. und 20. Jahrhundert. München 2005.
Marx, Christoph: Geschichte Afrikas. Von 1800 bis zur Gegenwart. Paderborn [u. a.] 2004.
Osterhannmel, Jürgen: Die Verwandlung der Welt. Eine Geschichte des 19. Jahrhunderts. München 2009.
– / Jansen, Jan C.: Kolonialismus. München [7]2012.

Reinhard, Wolfgang: Geschichte der europäischen Expansion. 4 Bde. Stuttgart [u. a.] 1983–90.
Speitkamp, Winfried: Deutsche Kolonialgeschichte. Stuttgart 2005. 3., bibliogr. erg. Aufl. 2014.
– Kleine Geschichte Afrikas. Stuttgart 2007. 2., durchges. und aktual. Aufl. 2009
Stuchtey, Benedikt: Die europäische Expansion und ihre Feinde. Kolonialismuskritik vom 18. bis in das 20. Jahrhundert. München 2010.
Wendt, Reinhard: Vom Kolonialismus zur Globalisierung. Europa und die Welt seit 1500. Paderborn [u. a.] 2007.
Zimmerer, Jürgen (Hrsg.): Von Windhuk nach Auschwitz? Beiträge zum Verhältnis von Kolonialismus und Holocaust. Münster 2011.